가짜 영어 성경 NIV

피터 럭크만 지음

김 기 준 옮김

말씀보존학회

THE NIV :

AN IN-DEPTH DOCUMENTATION OF APOSTACY

by

Dr. Peter S. Ruckman

Bible Baptist Bookstore

Pensacola, Florida

1994 / Korean by Word Of God Preservation Society

Seoul, Korea

가짜 영어 성경 NIV

독자에게 드리는 글

〈한글킹제임스성경〉을 출판하여 바른 성경 보급에 진력해 온 말씀보존학회에서는 온갖 변개된 "성경"들이 난무하고 있는 기독교계의 혼탁한 상황에서 하나님의 말씀을 사랑하는 독자들께서 정확한 하나님의 말씀을 분별해 낼 수 있도록 돕기 위하여 「바른 성경을 찾아서 시리즈」를 출판하게 되었습니다. 본 학회는 이미 원문비평의 개관이라고 할 수 있는 〈하나님께서는 한 가시 성경만을 쓰셨다〉를 펴낸 바 있으며, 이번 시리즈에서는 여러 성경들의 구절들을 구체적으로 서로 비교함으로써 참된 성경을 식별할 수 있는 능력을 배양해 드리고자 합니다.

시리즈 제1탄인 〈가짜 영어 성경 NIV〉는 대다수의 신학교와 선교단체들이 확인도 해보지 않고 추천하고 있는 〈새국제역본, NIV〉이 어떻게 해서 배교를 주도하는 성경인가를 정확한 교리적 해설을 통해 입증해 보이고 있습니다. 이와 동시에 개역한글판과 〈한글킹제임스성경〉을 대조해 보실 수 있도록 배려하였습니다.

본 학회에서는 앞으로 RSV, NASV, Living Bible, Good News for Modern Man 및 기타 카톨릭 성서들은 물론, 70인역으로 알려진 변개된 헬라어 성서들에 대해서도 그 진실을 밝혀 나가고자 합니다. 하나님의 모든 말씀은 순수하다고 하셨는데(잠 30:5) 어떻게 해서 수많은 불순물과 사망이(왕하 4:40) 침투하였는지 그 원인을 추적, 분석함으로써 독자 제위들께 순수하고 처음부터 참된(시 119:160) 하나님의 말씀을 되찾아 드리려고 합니다. 독자 여러분께서는 하나님의 말씀을 되찾으신 후 그 말씀을 간직하고 지키시기 바라며 이로써 주님을 사랑하고 계심을 입증해 보이시기 바랍니다(요 14:23,24).

말씀보존학회 대표 이 송 오 목사

역자 서문

주의 말씀들은 순수한 말씀들이라.
흙 도가니에서 단련되어 일곱 번 정화된 은 같도다.
오 주여, 주께서 이 말씀들을 간수하시리니
주께서 이 세대로부터 영원토록 그것들을 보존하시리이다.

- 시편 12:6,7 -

주의 말씀은 순수한 말씀이다. 하나님의 말씀은 그것을 합당하게 읽는 사람을 신리로 인도하며, 그들에게 풍성한 삶을 제공한다. 이 말씀은 사람들을 구원하는 힘이 있으며(롬 10:10-17), 또 구원받은 사람들을 자라게 한다(벧전 2:2). 또 이 말씀은 그가 자라나가는 데 필요한 지혜를 주며, 그가 살아갈 때 닥치는 어려움들을 극복하게 해 주고, 그가 상처를 받았을 때 치유해 주는 능력이 있다. 그래서 주의 말씀은 순수해야 한다.

주의 말씀이 순수한 말씀이라는 이 진리는 여러 가지로 적용될 수 있으나, 그중 하나는 베드로전서 2:2에서 제시된 것과 같이 영적인 갓난 아기를 자라게 하는 순수한 젖이라는 것으로 적용될 수 있을 것이다. 『**갓난 아기들로서 순수한 말씀의 젖을 사모하라. 이는 너희가 그것으로 인하여 자라게 하려 함이니라**』(벧전 2:2). 순수한 젖으로 자라나야 할 아이가 오염된 젖으로 자라나는 것은 생각만 해도 끔찍한 일이다.

이 적용은 주의 말씀이 "은"에 비유된다는 것으로 더 의미가 깊어진다. 하나님의 말씀을 비유하는 말에는 정금이나(시 19:10; 119:127) 빛(시 119:105), 칼(엡 6:17), 망치(렘 23:29) 등 많은 말이 있지만 여기서 "은"으로 비유한 데에는 나름대로의 의미가 있을 것이다. 은이라는 금속은 해독성이 있는 금속이며, 독성이 있는 물질에 닿을 때면 그 독성을 체크해 주는 기능이 있다. 그래서 옛 조상들은 음식에 독이 있는지 알기 위해서 은수저를 쓰기도 했으며, 어떤 사람들은 은으로 된 장신구를 몸에 달고 다니며 그 색깔의 변함에 따라 건강을 체크하기도 한다. 그런데 만약 그 은이 순수하지 못하고 오염된 가짜 은이었다면 이런 기능을 하기는커녕, 그 "은"을 신뢰하는 사람들에게 오히려 독이 될 것이다.

감사한 것은 하나님께서 이러한 순수한 말씀을 우리에게 주셨다는 것이며, 또 이 말씀을 영원토록 순수한 상태로 보존하시겠다고 약속하셨다는 것이다(시 12:7). 이 말씀을 신뢰하는 사람들은 하나님의 순수한 말씀으로 인해 건강하게 자라고, 강건한 주님의 군사가 될 것이다.

그러나 여기에 순수하지 못한, 오염된 "말씀"이 있다. 영적인 갓난 아기를 올바로 성장시키지도 못하고, 그를 온전히 치유시키지 못하여 병약하게 만드는 오염된 "말씀"이 있다. 하나님께서는 자신이 영감으로 기록하신 말씀을 순수하게 보존하시어 우리에게 주셨으나, 사탄이 그와 비슷한 모조품을 만들어 사람들에게 내놓은 것이다. 이 모조품은 겉으로 보기에는 훌륭해 보여 진품과 구별하기 어렵고, 또 쉽게 구할 수 있어 사람들 사이에 인기가 있는 상품이다. 그 중에 하나가 〈새국제역본, New International Version, NIV〉으로 흔히 NIV라고 불리는 상품이다.

NIV는 오염된 "말씀"이다. 오늘날 세계적으로 많은 사람들이 이 역본을 사용하고 몇몇 교단들이 이 역본을 채택한다 할지라도 이 역본은 영적인 갓난 아기를 자라게 할 만한 순수한 젖이 못 되며, 또 정련된 순수한 은도 되지 못한다. 우리나라에서도 영어로 성경을 읽을 만한 지식이 있는 사람들이 쉽다는 이유로 이 역본을 읽고 또 추천하지만, 심지어 구원에 관한 기초 진리마저도 무너뜨릴 만한 내용들이 많은 이 역본은 많은 사람들이 선호한다는 것 이상으로는 가치를 둘만한 것이 전혀 없다. 그래서 본서에서는 이러한 사실을 성경 구절 하나하나를 제시해 가면서 증명해 줄 것이다.

본서의 저자 피터 럭크만 박사(Dr. Peter S. Ruckman)는 〈킹제임스성경〉이 영어로 된 유일한 하나님의 말씀이라는 것을 증명할 수 있는 원문비평학의 최고 권위자이다. 이 책에서 그는 원문비평학적인 측면과 성경 교리적인 측면을 성경 구절의 비교를 통해 밝히면서 왜 〈킹제임스성경〉이 올바른 성경이고 〈새국제역본〉이 틀린 성경이라는 것을 자세히 제시해 줄 것이다.

이에 따라 역자는 〈킹제임스성경〉과 〈새국제역본〉의 구절을 비교해 놓으면서 독자들의 이해를 돕기 위해 〈한글킹제임스성경〉의 구절을 함께 제시했으며, 또 지적하고 있는 구절이 개역한글판도 역시 변개된 부분일 때에는 개역한글판의 구절도 함께 제시하여, 네 역본의 구절 비교와 설명을 통해 어떤 성경이 올바르고 어떤 성경이 오염된 성경인가를 독자들로 하여금 판단하도록 하였다. 이 책을 읽는 독자들이 하나님의 말씀이 얼마나 순수하며, 또 순수해야 하는지를 이해하기 바라며, 진리로 모든 것을 올바르게 판단해 줄 수 없는 NIV 같은 변개된 성경에서 빨리 벗어나 하나님의 순수한 말씀 앞으로 나아가기를 간절히 바라마지 않는다.

참고로 NIV의 편집위원장이 이 오염된 역본에 관해서 자랑스럽게 소개한 말을 아래에 인용해 놓았다. 영적인 분별력이 있는 독자들은 판단해 보기 바란다. 이 말은 게일 립링거(G.A. Riplinger)가 자신의 저서인 〈뉴에이지 성경 역본들, New Age Bible Versions〉에서 폭로한 것이다. "이것(NIV)은 오늘날 정통 개신교계에 팽배해 있는 크나큰 오류, 즉 중생이 믿음에 의한 것이고... 거듭나기 위해서는 예수를 구세주로 영접해야 한다는 오류를 지적해 주고 있다... 예수가 하나님이라고 분명하게 말하는 사본은 몇 되지 않는다."[G.A. Riplinger, *New Age Bible Versions* (AV Publications, Ohio, 1993), p.2.]

1994년 8월

역자 김 기 준

목차

제 1 장

배교로 가는 길

하나님의 말씀을 거부하면서부터 배교는 시작되어, 누룩처럼 걷잡을 수 없이 번져 나간다. 우리 시대에 있어서 이 배교의 모습은 <킹제임스성경>을 거부하고 다른 많은 변개된 성경들을 사용한 데서부터 찾을 수 있는데, 이 배교의 모습이란 참으로 엄청나서 교회뿐만 아니라 국가와 사회 어느 곳에서도 배교로 인한 타락을 찾아볼 수 있다. 하나님의 말씀을 거부하고 변개시킨 것은 하루아침에 이루어진 일이 아니다. 그것은 창세기 3장으로부터 점진적으로 이루어져서, 우리 시대에 가장 부패한 역본인 <새국제역본, NIV>에까지 이르게 되었다.

제 1 장

배교로 가는 길

배교란 고정된 입장으로부터 떨어져 나가는 것이다. 이것을 구체적인 사실에 적용해서 생각해 보면, 어떤 (근본주의자라고 하는) 사람이 그가 실제로는 믿지 않는 사실을 믿는다고 공언한다거나, 혹은 자신이 지금껏 견지해 오던 입장을 고수하고 있음에도 불구하고 현재는 더 이상 고수하고 있지 않다고 공언하는 것을 의미한다. 오늘날 미국 내의 '근본주의자'라고 말하는 현대의 배교자들은 자신들이 〈킹제임스성경〉을 사용한다고 할 때, 그것을 믿기 때문이 아니라 단지 "더 선호하기" 때문에 사용하고 있는 것이다. 얼마 전만 해도(1880-1920) 사람들은 지금 "보수주의자들"이라고 말하는 그러한 사람들을 배교자들이라고 불렀는데, 지금은 "현대주의자들"이나 "자유주의자들"을 배교자들이라고 부르고 있다.

이러한 사실을 볼 때 배교란 항상 점진적으로 이루어진다는 것을 알 수 있다.

1. 배교의 장소

배교는 또한 동일한 장소에서 시작되는데, A.D. 190년[알렉산드리아(Alexandria)]에서부터 A.D. 1990년[밥 존스 대학(Bob Jones University)]에 이르기까지 배교는 항상 기독교 고등교육 기관에서 시작한다. 여기에는 어떤 예외도 없다. 암흑시대의 대학들은 원래 카톨릭 교회에 의해서 세워졌다. 그 대학들의 모든 교사들은, 오늘날 밥 존스 대학의 "신조" 안에 명시되어 있는 모든 조항들뿐 아니라, 그것에 덧붙여 소위 "사도신경"에서 발견되는 신조들에 대해서도 순응해야 했다. 미국에서는 하버드(Harvard), 예일(Yale), 다트머우스(Dartmouth), 컬럼비아(Columbia), 그리고 프린스턴(Princeton) 대학이 철저히 근본주의적이고 복음주의적인 입장들을 가지고 시작했으며, 영국에서는 이러한 보수주의적인 학교들이 케임브리지(Cambridge)와 옥스퍼드(Oxford)였다. 그 이전에는 할레(Halle), 튀빙겐(Tubingen), 하이델베르크(Heidelberg), 스투트가르트(Stuttgart), 베를린(Berlin) 대학들이 이러한 비슷한 길을 걷고 있었다.

독일에서의 배교는 멜란히톤(Melanchthon)[루터(Luther) 이후]에 의해 선언되어 프랑케(Franke), 벵겔(Bengel), 헤딩거(Hedinger) 등과, 그 외 다른 사람들에 의해서 루터성경을 다른 것으로 바꾸면서 시작되었고, 영국에서의 배교는 이신론자들(Deists)에 의해 선언된 후, 펠(Fell),

밀(Mill), 왈톤(Walton), 웨스트코트(Westcott), 홀트(Hort) 등에 의해 〈킹제임스성경〉을 바꾸게 된 것이며, 마찬가지로 미국에서의 배교는 필립 샤프(Philip Schaff)에 의해 선언되어 그린(Green), 로버트슨(Robertson), 메이첸(Machen), 데이비스(Davis), 웨스트(Wuest) 등에 의해 〈킹제임스성경〉을 바꾸게 된 것이다. 해 아래엔 새 것이 없다(전 1:9). 기독교 교육자들은, 이 지구상 어느 곳에서든지 배교가 나타날 때면, 그때마다 같은 뿌리 안에 있었다. 오늘날 전국 교회 협의회(NCCC)도 한때는 그 모든 구성원이 "원문의 영감성"을 믿는다고 고백했던 대학과 신학교 출신의 사람들과, 그러한 교회들로 구성되었었다.

성경 번역본들에 대한 연구는 어떤 배교자와, 또한 그 단체의 크기와 넓이와 깊이와 강도를 추적하는 가장 적절한 방법들 중에 하나이다. 스페너(Spener)와 진젠돌프(Zinzendorf), 볼러(Bohler), 스팬겐버그(Spangenberg), 그리고 프랑케(Franke)는 그들이 루터의 하일리게 슈리프테[Heilige Schrifte(루터가 번역한 성경)]를 고수하는 동안은 잘못 가지 않았다. 웨슬리(Wesley)와 휫필드(Whitefield)와 낙스(Knox), 에드워즈(Edwards), 프라일링하우젠(Freylinghausen), 그리고 찰스 스펄전(C.H. Spurgeon)은 그들이 프로테스탄트 종교개혁의 〈킹제임스성경〉을 고수하는 한 잘못 가지 않았다. 무디(Moody)와 토레이(Torrey)와 피니(Finny), 선데이(Sunday), 그리고 샘 존스(Sam Jones)도 그들이 〈킹제임스성경〉을 고수하는 한 "자유주의자들"이나 "현대주의자들" 혹은 "신복음주의자들"이 될 위험은 없었다.

2. 배교의 결과

그러나 1880년 이후 영국 그리스도인들에게서 무언가 급격히 잘못 되어 가는 점이 보이며, 또한 1933년 이후 미국 그리스도인들에게서 급격히 잘못되어 가고 있는 점이 보인다. 급격히(radical)라는 말에서 우리는 무엇인가 상태가 매우 잘못되어 가고 있어서, 그것이 전 국가의 도덕적, 사회적, 종교적 및 경제적 구조들에 악영향을 미친다는 사실을 보게 되는데, 아무도 이런 문제들에 직면해서 "슬픔의 예언자"(예레미야)의 역할을 감당하고 있지 않다.

영국은 비록 두 번의 세계대전에서 프랑스와 러시아를 자기편으로 만들긴 했지만, 만약 미국이 영국을 구해 내지 않았다면, 양 세계대전에서 패했을 것이다. 또한 미국은 제2차 세계대전 후에는 한국에서나 베트남에서 이길 수 없었고, 미국의 내적인 문제들은 이제는 웃음거리도 못될 만큼 심각한 상태가 되어 버렸다. 미국은 외국에 친구들도 없고, 과거의 적국에게서 돈을 차용하며, 부랑자들과 낙태자들과 노상강도들과 동성연애자들과 사생아들과 전문적인 범죄자들을 지원함으로써 국민을 파탄지경으로 몰아넣었으며, 또한 국내 사회주의자들의 노력들(통합과 동성애의 자유, 여성의 자유 등)은 이성적으로나 감각적으로나 너무나 비정상적인 것들이다.

미국의 영적인 상황에 대해서는 의심할 여지가 없다. 슐러(R. Shuller)와 오랄 로버츠(Oral Roberts)와 스웨거트(Swaggert), 그리고 짐 바커스(Bakkers) 같은 은사주의자들이 문자 그대로 미국인들로부터 수백만

달러를 모을 수 있었던 사실은, 어떤 사람의 "여론조사"나 "통계적인 도표"를 훨씬 뛰어넘어 미국의 진상을 보여 준다. 미국에서의 통합은 그것이 시도되어 온 어떤 도시나 마을, 그리고 학교나 교회에서도 단 한 번도 이루어지지 못했다. 30년간의 노력에도 불구하고 단 한 번도 이루어지지 못했다. 그럼에도 불구하고 다른 나라에서 일어나는 인종 차별에 대해서는 뉴스 매체들이 열심히 떠들어대고 있다.

현재 영국과 미국은 영적으로 파산 상태이다. 무슨 일이 있었음에 틀림없다. 그것은 18세기에는 독일에서, 19세기에는 영국에서 그리고 20세기엔 미국에서 각각 발생한 문제였다. (스페인과 폴란드, 오스트리아와 이탈리아, 프랑스 등의 영적인 상태는 - 그 "영적"이라는 말을 상징적으로 해석한다 해도 - 결코 올바르지 못하다. 남아메리카와 멕시코는 "영적 상태"에 관한 한 웃음거리밖엔 되지 못한다. 그 나라들의 영적 문제는 다른 나라들과 마찬가지로 성경 번역본과 관련되어 있는 것이다.)

3. 배교의 진행

배교의 흐름(이것은 한 국가를 휘감고 있으면서 국가를 파멸로 이끄는 살인적인 코일, 즉 국가의 영적 생활을 파멸시키는 "왕뱀"이다.)은 모든 과정에서 성경 번역본과 관계된다. 번역본들을 연구해 보라. 그러면 당신은 배교의 역사를 공부할 수 있게 된다.

1. 제롬(Jerome) 때까지는 구라틴 역본(Old Latin)들이 아프리카와

남유럽 전역을 지배하고 있었다. 그러나 "새 이탈리아 표준 역본"(New Italian Standard Version - 제롬의 라틴 벌게이트를 말함.)이 출판되자 암흑시대가 도래하였다. 구라틴 역본은 로마의 "근본주의자들"에 의해 순교당하게 된 아일랜드와 영국과 유럽에 있는 성경대로 믿는 사람들에게서만 살아남았다.

2. 1520년까지는 제롬의 벌게이트 성경이 주도권을 잡았으나, 그 다음에 두 개의 역본들(독일 사람들을 위한 마틴 루터와 영국 사람들을 위한 윌리엄 틴데일)이 부각되었을 때, 암흑시대는 제롬의 벌게이트와 함께 퇴조하였다. 계속하여 종교개혁과 새로운 세계(1492-1692)가 펼쳐지는데, 〈킹제임스성경〉이 틴데일 성경에 이어 나타났고, 또한 그것과 더불어 음악, 지리, 예술, 인문과학, 지리상의 발견, 산업, 발명, 그리고 문학에 있어서 세계적인 부흥이 와서 1880년까지 계속되었다. 그 대표적인 사람들은 바흐(Bach), 베토벤(Beethoven), 브람스(Brahms), 슈만(Schumann), 슈베르트(Schubert), 바그너(Wagner), 하이든(Haydn), 모차르트(Mozart), 렘브란트, 세잔느, 루소, 부게로, 레밍톤, 에디슨, 페러데이, 에머슨, 모오스, 디킨슨, 롱펠로우 등이다.

3. 그러나 또 다른 "역본"이 나타났다. 그것은 1881년에 나온 영어개역본(RV)이며, 이와 함께 고전음악이 퇴조하고, 그래서 오늘날 여러분은 단지 1770-1880년에 등장한 고전음악 사이에 라벨(Ravel), 쉔버그(Shoenberg), 바르톡(Bartok), 코펠랜드(Copeland) 등의 음악을 끼워 넣는 혼합 연주 정도나 감상할 수 있을 뿐이다. 그리고 프랑코 - 프러시아 전쟁, 필리핀의 폭동, 두 차례의 세계대전, 원자탄, 성도착과 음란

서적에 대한 정당화, 술과 마약, 법과 질서의 전복, 합법적인 낙태, 두 세 번의 공판을 거치면서 다시금 형 집행이 늦어지는 살인범들, 어떤 사람이 매초 20달러씩을 세면서 곱절의 인생을 산다 해도 헤아리지 못할 외채, 위험성이 세 배로 증가된 소송(재판), 6백만의 추방된 사람들, 재(再)용납된 고문과 테러리즘, 그리고 첫 번째 및 열 번째의 수정안으로 인한 권리장전(미국 헌법을 말함)의 무력화 등과 같은 현상들이 잇달아 일어나게 된다.

1901년에 발행된 〈미국표준역본, ASV〉은 1881년의 영어개역본(RV)에 대한 미국적 보완이었다. 구라틴 역본을 제롬의 것(A.D. 420)으로 대체한 책임을 누가 졌던가? 〈킹제임스성경〉을 영어개역본(RV)과 〈미국표준역본, ASV, 1901)으로 대체한 책임을 누가 졌던가? 그가 누구였든지 간에, 분명 그 작업을 "엉망으로" 해놓았는데도 아무런 책임을 지지 않았다.

〈미국표준역본〉과 〈새미국표준역본, NASV〉의 헬라어 원문을 추천한 것은 미국의 밥 존스 대학이다. (이 학교는 40년 동안 이 원문을 추천해 왔다.) 이 원문은 네슬판 헬라어 성서인데, 이 "절충" 원문(모든 헬라어 성서들은 "절충적"이다.)은, 연합성서공회(United Bible Society)가 "알란드와 메쯔거 원문"이라 부르는 원문과 거의 일치한다. 양자의 원문들은 주로 웨스트코트와 홀트가 1881년 영어개역본(RV)을 위해 사용했던 알렉산드리아 계열의 헬라어 사본들에 기초하고 있다. 이 사본들 중에서 대표적인 것들은 시내 사본과 바티칸 사본이라 부르는 두 개의 변개된 사본들인데, 그 두 사본은 80년 동안 사용되었으면서도 지난 10년 동안 네슬의 "서론"에서는 그 이름이 은밀하게 감추어져 왔다. 이 두 사본들은 외경들을 마치 영감받은 성경인 양 구약 정경의 일부로 담고 있으며, 그 중 시내 사본은 신약성경에도 외경들을 포함시키고 있다.

물론 현대 번역본들(NIV, NEB, NAB, NJB, NWT 등)은 항상 그 사본들만 채택하는 것은 아니다. 이러한 점에서 그 번역본들은 이 두 사본들의 영향을 받지 않은 것처럼 가장한다. 그러나 그 점에 있어서는 알란드(Aland)와 메쯔거(Metzger) 또는 네슬(Nestle)도 항상 그 두 사본만을 선택한 것은 아니었다. 하지만 그들은 이 두 사본을 "가장" 믿을 만하고, 또한 "가장 오래되고," "가장 좋은" 사본들이라 일컫는다. 이 사본들은 신약성경에서 〈킹제임스성경〉과 마틴 루터의 번역본과는 대치되면서 제롬의 라틴 벌게이트 역본과는 같은 입장을 취하고 있다. 그러므로 이러한 번역본들은 또 다른 암흑시대를 예고하는 것이다. 옛 암흑시대는 제롬에 의해 시작되었었다. 이처럼 배교는 항상 성경 번역본들을 통해 추적될 수 있다.

영어 번역본들의 배교에 대한 연구를 해보면 그 속에서 진리로부터 자신을 옹호하기 위해 노력하는 복잡한 아담의 성품을 놀랄 정도로 발견할 수 있는데, 오히려 다른 학문 분야에서는 그렇게 복잡하게 얽힌 혼란을 발견할 수 없다. 유독 성경에 있어서만 이러한 혼란이 발생하는데, 왜냐하면 흔히 성경 개정자는 그가 어떤 방법을 택하거나 어떤 원본을 선택할 때 그 이유를 전혀 의식하지 못하기 때문이다. 그 배후의

조종자는 『**이 세상의 신**』(고후 4:4)인데, 그는 〈킹제임스성경〉을 제거하는 작업을 하고 있는 가장 지혜롭고 꼼꼼한 언어학자들보다 "하나님이 말씀하셨던"(창 3:1) 것에 대해 더 많은 관심을 갖고 있다. 배교자들이 진리를 제거해 버리기 위해(또는 진리를 숨겨 버리거나, 진리를 변개시키거나, 진리를 흐리게 하기 위해) 만들어 놓았던 실례들을 하나하나 지적한다면, 그때마다 우리는 배교자들의 후원자들이나 친구들로부터 다음과 같은 불평을 듣게 될 것이다. "그것이 무슨 차이가 있는가? 그것은 신앙의 기본적인 요소에는 조금도 영향을 끼치지 못한다." 그리고 하나님의 말씀은 모든 것이 중요하다는 점을 배교자들에게 말하면 그들은 "그러면 〈킹제임스성경〉의 여러 가지 판에서 발견되는 차이들에 대해서는 어떻게 할 것인가?"라고 말한다. 사탄은 조금도 지체하지 않고 배교의 걸음을 매 순간 어느 방향으로든 움직일 준비를 갖추고 있는 것이다.

4. 배교의 모습

이 문제에 관해서는 온갖 종류의 저술들이 출판되어 왔는데, 예를 들면 〈성경 전쟁, The Battle for the Bible〉과 〈킹제임스성경 논쟁, The King James Version Debate〉 등이며, 역본들을 비교해 놓은 문헌들은 누구든지 쉽게 얻을 수 있다. 그러나 웨스트코트와 홀트와 함께 시작하여 오늘날 〈뉴스코필드성경, New Scofield Bible〉 등에 이르기까지 이러한 배교한 역본들의 배후에 숨어 있는 그 "의도"에 대해서는 아무도 분석하지 못했다.

성경이 하나님의 말씀임을 믿는다고 공언하는 수많은 구원받은 사람들이 존재하는 나라에서 이런 일들이 어떻게 일어날 수 있었을까? 그것은 누룩이 퍼지는 과정(마 13:33)을 통하여 이루어졌는데, 교육받은 그리스도인들 사이에서, 누룩이 퍼지듯이 천천히, 주의 깊게, 그리고 미묘하게 수행되어졌다. 그리고 이러한 모든 배교는 정통주의적이고 보수주의적인 모든 대학들과 신학교들 안에서 시작된다. 여기에는 어떠한 예외도 없다.

이 책자에서는 오리겐과 제롬의 작품들로부터 네슬판 본문의 모든 구절에 이르기까지 전 과정을 본문 분석을 위한 비평 장치를 사용하여 설명하지는 않을 것이다. 바티칸 사본과, 그것과 같은 계열들에 대해서 밀러(Miller)와 스크리브너(Scrivener)가 쓴 거대한 저작들이 이러한 과정들을 설명해 줄 것이다. 이러한 저작들을 통해 우리가 알 수 있는 것은, 알란드와 메쯔거와 네슬의 배교가 그 이전의 배교와 같다는 것이다. 이 현대의 배교자들 모두는 자신들이 더 이상 "웨스트코트와 홀트의 추종자들"이 아니라고 주장하며, "새로운" 본문을 생산해 냈다고 말한다. 그러므로 현대 영어 번역자가 그의 상업적인 책략을 내밀며 "절충주의"를 들먹거릴 때, 당신은 그것을 마치 새로운 어떤 것이 이루어지고 있는 것으로 생각할 것이다. 그러나 새로운 일은 전혀 일어나고 있지 않다. 그들은 이미 있었던 배교한 본문을 채택했을 뿐이다.

또한 네슬은 초기의 자기 입장에서 후퇴하여 80년 동안 삭제했던

400개 이상의 표준원문(Textus Receptus) 구절을 그의 1979년 판에 다시 집어넣었는데, 그럴 때에도 그는 이것을 새로운 "증거"에 기인한 것이었다고 구차하게 변명했다. 필자는 이들 사본들 중 200개 이상을 점검했는데, 아무리 거듭해서 살펴보아도 어떤 새로운 증거는 없었다. 오히려 그가 자신의 알렉산드리아 계열 본문을 변개시킨 것은 모종의 압력에 기인한 것이다. 그의 행위는 일종의 반대자들을 지원하여 인기를 얻으려는 행위인데, 이런 예들은 정치적인 활동에서 많이 보이는 것이다. 예를 들어 동성연애자들을 지원하면 정치적으로 인기가 있다. 또 어떤 흑인 반(反)총기 소유주의자 언론인은 자기 집 뒤뜰에서 어떤 청년을 총으로 쏘고서도(1988) 벌금을 단 5불도 물지 않고 석방될 수 있었다. 만일 그가 백인이었다면 분명히 감옥에 갔을 것이다. 흑인들을 지원하는 것은 정치적으로 인기가 있다. 네슬판 본문에서 변경된 많은 부분이 이러한 종류의 압력을 만족시키기 위하여 이루어졌다. 그러나 다양한 사본들 중 많은 것에 조금이라도 영향을 준 "새로 발견된 파피루스들"은 전혀 없었다.

우리가 "가장 최근의" 번역본을 채택하여 그것을 타자하기도 전에 그들은 여기서 지적된 것이 올바르게 고쳐졌다고 말하기 위해서 또 다른 "새로운, 새로운, 더 새로운" 변개를 만들어 낼 것이다. 그것들은 결코 개정되지 않을 것이다. 1884년판 영어개역본(RV)에 내포된 커다란 오류들은 〈미국표준역본, ASV〉이나 〈새미국표준역본, NASV〉, 〈개역표준역본, RSV〉이나 〈새개역표준역본, NRSV〉등 어떤 영어 성경에서도 아직 개정되지 않았다. 그중에서 우리는 대표적인 변개본을 들어 설명할 것이다. 그것은 바로 〈새국제역본, NIV〉인데(Grand Rapids, Michigan; Zon dervan Publishing Co., 1978), 현재(1990) 1,065,000권이 인쇄되었다. 물론 그 수는 같은 시기에 인쇄된 〈킹제임스성경〉의 절반에도 못 미친다.

5. 배교의 의도 - "킹제임스성경을 제거하라"

이것은 현재 우리가 이른바 "좌파" 알렉산드리아인들이라 부르는 그룹에 의해 촉진되었다. 과격한 좌파 알렉산드리아인들은 〈새미국표준역본〉을 지지하며(Bob Jones와 그 교수진), "우파" 알렉산드리아인들은 뉴킹제임스 역본과 도널드 웨이트(Donald Waite)의 "다수 필사본"(Majority Text)을 지지하지만(그들은 다수필사본을 지지한다고 하면서도, 〈킹제임스성경〉을 틀렸다고 하며 다른 역본으로 대체시키려고 한다), 모든 알렉산드리아인들은 동일한 것을 고집하며, 동일한 방식으로 행동을 취한다. 그것은 그들 모두가 그들의 의견과 또 그들이 편애하는 것 위에 어떠한 절대적인 권위도 인정하지 않으며, 이중적 권위를 믿는다는 것이다. 그들은 최초의 원본만이 절대적인 권위인데, 그것은 8세기 훨씬 이전에 사라졌다고 믿는다.

이 책에서는 이러한 변개들을 비교하기 위하여 현대 역본들(NASV, RSV, NRSV, TLB, NWT, NEB, NJB, NAB 등)을 면밀히 검토하지는 않을 것이나, 우리는 모든 번역본들을 만들어 낸 사람들이 갖고 있는 동기와 그와 관련된 위원회들의 목표가 정확하게 동일하다는 점은 확실히 해 두

고자 한다. 그것은 첫째, 〈킹제임스성경〉을 영원히 대치시키기 위한 것, 둘째, 그들의 작품이 〈킹제임스성경〉의 번역자들의 작품보다 더 우월하다는 것을 경제적인 성공으로 입증하기 위한 것이다.

이 성경(NIV)을 분석할 때 여러분은 전능하신 하나님의 절대적인 권위를 "기독교 학문"(라오디케아 기독교 학문)으로 대치시키는 것에 전 생애를 바친 사람의 마음에 사탄이 어떻게 작용하는가를 볼 수 있을 것이다. 그들의 동기와 의도는 성경 개정자들이 성경 구절들 속에 있는 단어들을 다루었던 모습에 나타나 있다. 우리는 여기에서 히브리어 및 헬라어 문법의 그 복잡성에 대해 모두 검토해 볼 시간을 갖지는 못할 것이다. 어쩌면 배교자들은 원어의 문법들을 검토하는 것을 가장 좋아할지도 모른다. 왜냐하면 그렇게 해서 어원학석인 득성들과 추상적인 용어를 토론함으로써 그들은 자기들의 죄를 은폐시킬 수 있기 때문이다. 이것은 사전 편찬자들, 백과사전 편집자들, 신학자들, 원문비평학자들, 그리고 문법학자들의 저작 속에서 수없이 이루어져 온 것이다.

우리가 여기서 하려고 하는 것은 여러분에게 모든 근본주의자들과 보수주의자들이 성경을 제거하고 그것을 그들 자신의 의견들로 대치시키려고 노력할 때 어떤 일이 일어나는지를 보여 주는 것이다. 〈새국제역본, NIV〉 위원회에 대해 지적될 수 있는 것들은 〈미국표준역본, ASV〉 위원회의 모든 사람들과 영어개역본(RV) 위원회의 모든 사람들, 또 〈새미국표준역본, NASV〉 위원회의 모든 사람들과 〈개역표준역본, RSV〉 및 〈새개역표준역본, NRSV〉 위원회의 모든 사람들, 그리고 재림 전에 나타날 모든 다른 "위원회"에 대해서도 하나의 예외도 없이 사실로 적용

될 것이다. 우리는 여기서 성경이 그 비판자들을 분석한 후에 무엇을 말하는지를 볼 것인데, 이 배교자들이 "엉망으로 만들어 놓았던" 그 성경은 마음의 생각과 뜻을 분별하는(히 4:12) 것이기에, 이들 위원회들이 성경을 변개시킬 때면 그 변개된 구절들은 성령과 계속 충돌하게 된다. 이것은 너무도 명확하기에 바보가 아닌 한 아무도 그들을 성경학자로 취급할 수도 없으며 성경을 공부하는 학생으로도 취급할 수 없을 정도이다.

그들의 동기와 의도는 다음과 같은 곳들에서 밝혀질 것이다.

사례 A : 하나님의 말씀들이나 혹은 "하나님의 말씀"이 갑자기 중요하게 취급된 곳에서

사례 B : 교리적인 계시가 주어지는 곳에서

사례 C : 오직 은혜에 의한 구원이 나타나는 구문에서

사례 D : 그리스도의 신성이나 혹은 동정녀 탄생이 나타나는 구문에서

사례 E : 개정자가 그 구절을 믿지 않거나 혹은 그것을 이해할 수 없는 곳에서

사례 F : 그 개정자들의 죄들을 지적하고 있는 구절에서

사례 G : 기타 사항에서, 즉 문제시되는 부분이 전혀 중요한 곳이 아님에도 불구하고 단지 개정자가 〈킹제임스성경〉 본문을 제거하기 원하여 사람들로 하여금 원래의 본문 대신에 바뀐 본문을 사용하게 하는 곳에서.

이러한 일곱 가지 분류들이 이제 〈새국제역본, NIV〉에서 입증되고, 또한 그 모든 것이 〈미국표준역본, ASV〉과 〈새미국표준역본, NASV〉, 그리고 〈뉴킹제임스역본, New King James Version, NKJV〉에서도 사실로 드러날 것이다. 이런 역본들에는 많은 부분이 원래의 본문과 뒤바뀌어져 있다.

제 2 장

배교의 실상 - KJV와 NIV의 비교

NIV가 배교의 최종적인 결정판이라고 말하는 것은 점진적으로 계속되는 성경 변개의 역사 속에서 현대인들의 구미에 맞추어져 가장 부패된 역본으로 번역되어 있기 때문인데, 이 사실은 수많은 사례 구절들로 증명될 수 있다. 여기에 제시하는 80여 개의 사례들은 아주 일부분만 나열한 것으로, 말하고 싶은 구절들의 십분의 일도 되지 않는다. 많은 학자들과 교회 지도자들이 이 역본을 추천하고 또 많은 사람들이 쉽다는 이유로 이 역본을 사용하지만, 이 부패하고 오염된 역본은 많은 사람들이 선호한다는 것 이상으로는 가치를 둘 만한 것이 전혀 없다.

제 2 장

배교의 실상 - KJV와 NIV의 비교

1. 〈새국제역본, NIV〉은 서문에서 이렇게 말한다. "새국제역본은 최대한으로 이용 가능한 히브리어와 아람어, 그리고 헬라어 본문들을 가지고 1백 명 이상의 학자들이 직접 참여하여 만든 완전히 새로운 번역본이다."(p.vii)

그러나 이 발간사의 첫째 줄은 두 가지로 거짓말하고 있는데,

첫째, 그것은 전혀 "새롭지도" 않고 새로운 것에 접근하지도 않았다.

둘째, "최상의 본문들"이라는 것이 사실은 웨스트코트와 홀트의 본문을 말하는데, 이 사본은(바티칸 사본과 시내 사본을 포함) 신약만 해도 약 3,000군데에서 〈킹제임스성경〉을 수정한 것이며, 또한 딘 버간 협회(Dean Burgon Society)에 따르면 이것은 우리가 얻을 수 있는 최악의

본문들에 해당한다.

2. 〈새국제역본, NIV〉은 또 이렇게 말한다. "신약성경을 번역하는 데 사용한 '헬라어 본문'은 절충적인 본문이다."

그러나 어떤 번역자가 사용한 본문이든지 그 헬라어 본문들은 모두 "절충적인 것들"이다. 1611년판 〈킹제임스성경〉도 "절충적인 본문"에서 번역된 것이었다.

3. "기존에 있는 사본들이 차이가 있는 곳에서 번역자들은 신약성경의 원문 비평 원칙 중 보편적으로 수용되고 있는 원칙들에 따라 원문을 선택했다." 그러나,

① 이런 원칙들은 구원받지 못한 독일의 합리주의자 그리스바흐(Griesbach)로부터 유래한다.

② 그들의 원문 비평의 두 가지 주요한 원리는 "더 짧은 본문이 선호된다."라는 것과[피커링(Pickering)에 의해 수집된 컴퓨터화된 자료들에 따르면 이 역시 거짓이다], "교리적인 구절들은 미심쩍은 것이다."라는 것인데, 이것은 그리스도를 위대하게 높이는 구절들은 제거해야 한다는 것을 의미한다(딤전 3:16, 요일 5:7 등).

4. 창세기 1:28 (사례 B)

KJV : And God blessed them, and God said unto them, Be fruitful, and multiply, and <u>replenish</u> the earth, and subdue it...

한글킹제임스성경 : 하나님께서 그들에게 복을 주시고 하나님께서 그들에게 말씀하시기를 "다산하고 번성하며 땅을 다시 채우고 그것을 정복하라..." 하시니라.

NIV : God blessed them and said to them, "Be fruitful and increase in number; fill the earth and subdue it..."

개역한글판 : 하나님이 그들에게 복을 주시며 그들에게 이르시되 생육하고 번성하여 땅에 충만하라, 땅을 정복하라...

"다시 채우라"(replenish)를 "채우라"(fill)로 바꾸어 버림으로써 아담 이전에 있었던 문명에 대한 기억을 말끔히 없애 버린다. (욥 38:7을 보라.) "다시 채우라"는 말로 우리가 알 수 있는 것은 아담이 채우기 이전에 이미 뭔가가 채우고 있었다는 것이다. 그들이 바로 시편 82편의 "신들"(gods)이며, 창세기 6:2과 욥기 1:6에서 "하나님의 아들들"(sons of God)로 나타나는 천사들이다. 창세기 1:1에서 하나님께서 완전한 하늘과 땅을 창조하셨을 때 이들 천사들은 땅뿐 아니라 온 우주를 채웠으나, 사탄의 타락과 함께한 이들의 타락 후에 하나님께서는 이들을 물로 심판하셨고(벧후 3:5,6), 그 결과로 온 우주는 "혼돈" 상태에 있게 되었다(창 1:2). 그 후 하나님께서는 창세기 1:3부터 시작하는 재창조를 하셨고, 그때 아담은 이전에 채워 있었던 땅을 "다시 채우라"는 명령을 받은 것이다. NIV는 "다시"를 빼버림으로 이 진리를 가린 것이다. 창세기 9:1도 마찬가지이다.

5. 창세기 6:4 (사례 E)

KJV : There were giants in the earth in those days; and also after that, when the sons of God came in unto the daughters of men, and they bare *children* to them, the same *became* mighty men which *were* of old, men of renown.

한글킹제임스성경 : 그 당시에 땅에는 거인들이 있었고, 그 후에도 있었으니, 즉 하나님의 아들들이 사람의 딸들에게 들어와서 그녀들이 그들에게 자식들을 낳았을 때며, 그들은 옛날의 용사들로 유명한 사람들이 되었더라.

NIV : The Nephilim were on the earth in those days - and also afterward - when the sons of God went to the daughters of men and had children by them. They were the heroes of old, men of renown.

개역한글판 : 당시에 땅에 네피림이 있었고 그 후에도 하나님의 아들들이 사람의 딸들을 취하여 자식을 낳았으니 그들이 용사라 고대에 유명한 사람이었더라.

"거인들"이라는 말은 처음부터 그대로 번역하지 않고 "네피림"으로 음역함으로 거인들의 존재를 가려 버렸고, 그 다음에는 그들의 크기를 언급하지 않은 채 "영웅들"(heroes)로 바꾸어 놓았다.

6. 창세기 22:8 (사례 G)

KJV : And Abraham said, My son, God will provide himself a lamb for a burnt offering: so they went both of them together.

한글킹제임스성경 : 아브라함이 말하기를 "내 아들아, 하나님께서 자신을 번제에 쓸 어린양으로 마련하실 것이라." 하고, 두 사람이 함께 가더라.

NIV : Abraham answered, "God himself will provide the lamb for the burnt offering, my son." And the two of them went on together.

개역한글판 : 아브라함이 가로되 아들아 번제할 어린 양은 하나님이 자기를 위하여 친히 준비하시리라 하고 두 사람이 함께 나아가서

"하나님께서 자신을 번제에 쓸 양으로 마련하실 것이라."는 그 풍부하고 아름다운 〈킹제임스성경〉의 어법은 "명료하게" 한다는 미명 하에서 고쳐졌다. 그래서 "어린양"은 하나님 자신이 될 수 없었고, 그 대신 "하나님이 친히 준비하시리라."로 번역되었다.

그러나 이 구절은 침례인 요한이 예수 그리스도를 보고 『**보라, 세상 죄를 제거하는** 하나님**의** 어린양**이라.**』고 말한 요한복음 1:29과 연관된 구절로서, 하나님께서 친히 속죄양이 되시리라는 명백한 구절이다. 또

이 구절로 알 수 있는 것은, 속죄양으로 오시는 예수 그리스도께서 바로 하나님이시라는 것인데, NIV는 이 진리를 완전히 가려 놓았다.

7. 창세기 24:22 (사례 G)

KJV : And it came to pass, as the camels had done drinking, that the man took a golden earring of half a shekel weight, and two bracelets for her hands of ten *shekels* weight of gold;

한글킹제임스성경 : 낙타들이 물을 다 마신 뒤에, 그 사람이 반 세켈의 금 귀고리 한 개와 그녀의 손에 맞는 열 세켈짜리 금 팔찌 두 개를 주며

NIV : When the camels had finished drinking, the man took out a gold nose ring weighing a beka and two gold bracelets weighing ten shekels.

개역한글판 : 약대가 마시기를 다하매 그가 반 세겔중 금고리 한 개와 열 세겔중 금 손목고리 한 쌍을 그에게 주며

리브카가 코에 링을 달고 있는 식인종으로 바뀌어져 버렸다. 그러나 그 히브리어 단어(נֶזֶם, 네젬)는 사전에서 늘 귀고리를 나타내고 있다.

8. 창세기 49:1 (사례 B)

KJV : And Jacob called unto his sons, and said, Gather yourselves together, that I may tell you *that* which shall befall you in the last days.

한글킹제임스성경 : 야곱이 자기 아들들을 불러 말하기를 "너희는 다 함께 모이라. 마지막 날들에 너희에게 닥칠 일을 내가 너희에게 말하리라.

NIV : Then Jacob called for his sons and said: "Gather around so I can tell you what will happen to you in days to come.

개역한글판 : 야곱이 그 아들들을 불러 이르되 너희는 모이라 너희의 후일에 당할 일을 내가 너희에게 이르리라

"마지막 날들"(the last days)에 있을 이스라엘에 대한 모든 예언적인 언급들이, 죽어가는 야곱의 마지막 뜻과 유언에서 지워져 있다. 그러므로 여러분은 이사야 2:2과 미카 4:1과 다니엘 2:28에 대한 관련 구절들을 잃게 되는 것이다.

"마지막 날들"(last days)을 어떤 불확정한 "다가올 날들"(days to come)로 변경시킴으로써, 그 번역 위원회는 "마지막 날들"이 '초림과 더불어 시작해서 교회 시대로 지속되는 어떤 일반적인 기간이다'라는 이단적인 교리를 보존하였다.

그러나 이사야 2:2, 미카 4:1 및 그 외 다른 많은 구절들에서 발견되는 "마지막 날"은 항상 이스라엘과 관련되어 있으며, 예수 그리스도께서 영광스럽게 재림하실 때까지 왕국 복음이 전파되는 기간을 가리킨다. 교회 시대는 이 기간에 포함되지 않으며, 구체적으로는 앞으로 있게 될 대환란 때를 가리킨다.

9. 창세기 49:4 (사례 E)

KJV : Unstable as water, thou shalt not excel; because thou wentest up to thy father's bed; then defiledst thou *it*: he went up to my couch.

한글킹제임스성경 : 물처럼 불안정해서 너는 탁월하지 못하리니, 이는 네가 아비의 침상에 올라가서 그것을 더럽혔음이라. 그가 나의 침상에 올라갔었도다.

NIV : Turbulent as the waters, you will no longer excel, for you went up onto your father's bed, onto my couch and defiled it.

개역한글판 : 물의 끓음 같았은즉 너는 탁월치 못하리니 네게 아비의 침상에 올라 더럽혔음이로다 그가 내 침상에 올랐었도다.

NIV에서 르우벤의 도덕적인 상태는 더 이상 "불안정하지"(unstable) 않고 "난폭하다"(turbulent). 그러나 난폭한 자들은 시므온과 베냐민이다. 구약성경을 세 번만 읽게 되면 누구나 이 사실을 알 수 있다.

10. 창세기 49:10 (사례 D)

KJV : The sceptre shall not depart from Judah, nor a lawgiver from between his feet, until Shiloh come; and unto him *shall* the gathering of the people *be*.

한글킹제임스성경 : 홀이 유다에게서 떠나지 않을 것이며 실로가 오실 때까지 입법자가 그의 발 사이에서 떠나지 아니하리니, 그에게 백성의 모임이 있을지어다.

NIV : The scepter will not depart from Judah, nor the ruler's staff from between his feet, until he comes to whom it belongs and the obedience of the nations is his.

개역한글판 : 홀이 유다를 떠나지 아니하며 치리자의 지팡이가 그 발 사이에서 떠나지 아니하시기를 실로가 오시기까지 미치리니 그에게 모든 백성이 복종하리로다.

하나님에 대한 "입법자"(lawgiver) - 주 예수 그리스도 - 는 미묘하고도 은밀하게 "치리자의 지팡이"로 격하되었다. 하나님께서 임명하신 심판자가 "지팡이"(staff)로 바뀐 것이다!

11. 출애굽기 3:14 (사례 E)

KJV : And God said unto Moses, I AM THAT I AM: and he said, Thus shalt thou say unto the children of Israel, I AM hath sent me unto you.

한글킹제임스성경 : 하나님께서 모세에게 말씀하시기를 "나는 곧 나니라." 하시고, 또 말씀하시기를 "너는 이스라엘 자손들에게 이같이 말할지니 '**나이신 분**께서 나를 너희에게 보내셨다.' 하라." 하시니라.

NIV : God said to Moses, "I AM WHO I AM. This is what you are to say to the Israelites: 'I AM has sent me to you.'"

개역한글판 : 하나님이 모세에게 이르시되 나는 스스로 있는 자니라 또 이르시되 너는 이스라엘 자손에게 이같이 이르기를 스스로 있는 자가 나를 너희에게 보내셨다 하라.

전능하신 하나님의 이름은 『**나는 곧 나니라.**』(I AM THAT I AM)에서 "나는 나이다."(I AM WHO I AM)로 바뀌었다. 같은 절에서 〈킹제임스 성경〉은 『**나이신 분께서 나를 너희에게 보내셨다.**』(I AM hath sent me)

라고 말씀하셨다고 기록하면서 하나님의 이름이 『**나이신 분**』(I AM)이라는 것을 말해 주는데, NIV에서는 단지 관계대명사 'WHO'를 사용하여 (I AM WHO I AM) 하나님의 이름이 'I AM' 이라는 사실을 감추어 버렸다. ('I AM THAT I AM'에서 'THAT'은 관계대명사가 아니다.) 만약 NIV가 옳다면 "가서 그들에게 '나는 나라는 분이다'(I AM WHO I AM) 라고 말하라."고 일렀을 것이다.

(개역한글판은 "I AM"이라는 하나님의 이름을 "스스로 있는 자"라고 번역하여, NIV처럼 관계대명사 'WHO'로 받는 번역의 미숙은 피했으나 "I AM"에는 "스스로 있는 자"라는 뜻이 전혀 없다. 개역한글판은 또 다른 오류를 범한 것이다. - 역자 주)

12. 출애굽기 12:3-5 (사례 G)

KJV : Your lamb shall be without blemish, a male of the first year: ye shall take *it* out from the sheep, or from the goats:(출 12:5)

한글킹제임스성경 : 너희의 어린양은 흠 없는 일 년 된 수컷이어야 하며, 너희는 그것을 양들이나 염소들에서 골라내어서,

NIV : The animals you choose must be year-old males without defect, and you may take them from the sheep or the goats.

개역한글판 : 너희 어린 양은 흠 없고 일년 된 수컷으로 하되 양이나 염소 중에서 취하고

구원에 대한 그 위대하고 감동적인 진리인 "한 어린양"(a lamb), 그리고 "너희의 어린양"(your lamb)이 말살되어졌다. 5절에서 『**너희의 어린양**』은 삭제되었으며 단지 "짐승들"만이 나타날 뿐이다. 사람들은 더 이상 한 어린양과는 관계가 없다. 단지 "짐승들"과 상대할 뿐이다. 그 "어린양"을 제거하는 데 관심을 갖는 자는 누구이겠는가?

13. 출애굽기 34:7 (사례 B)

KJV : Keeping mercy for thousands, forgiving iniquity and transgression and sin, and that will by no means clear *the guilty*; visiting the iniquity of the fathers upon the children, and upon the children's children, unto the third and to the fourth *generation*.

한글킹제임스성경 : 자비를 수천 대까지 간직하며 죄악과 허물과 죄를 용서하나 범법자가 결코 깨끗게 되지는 아니하리니 그 조상들의 죄악을 그 자손들과 그 자손들의 자손들 삼사 대까지 미치게 하느니라." 하시니라.

NIV : maintaining love to thousands, and forgiving wickedness, rebellion and sin. Yet he does not leave the guilty unpunished; he punishes the children and their children for the sin of the fathers to the third and fourth generation.

개역한글판 : 인자를 천대까지 베풀며 악과 과실과 죄를 용서하나 형벌 받을 자는 결단코 면죄하지 않고 아비의 악을 자여손 삼 사대까지 보응하리라.

구약성경 전체를 망라하여 가장 위대한 교리적인 진리들 중의 하나인 구원의 문제를 다루면서 그 위원회는 완전히 엉망이 되어, 하나님은 "죄악을 처벌되지 않은 채 남겨두지 않으신다."(he does not leave the guilty unpunished)라고 말하게 되었다. 그것으로 구약과 신약의 구원의 차이점에 대해 알 수 있는, 구약에서 가장 중요한 계시를 지워 버리게 된 것이다. 〈킹제임스성경〉은 『**범법자가 결코 깨끗게 되지는 아니하리니**』라고 말씀했다. 아브라함, 이삭, 야곱, 요셉, 모세, 다윗, 그리고 노아는 "깨끗하게" 되지 않았다. 그들의 죄는 결코 "제거되지" 못했다(히 10:1-4를 보라). NIV 위원회 중 그 누구도 이것을 믿지 않았다. (그 동일한 위원회는 이곳에서 야기시켰던 그 혼란을 로마서 3장에서도 고의적으로 부정하고 있다는 사실을 주의하라 - 62번 참조).

(개역한글판은 "형벌 받을 자는 결단코 면죄하지 않고"라고 번역하면서 그 말을, 그 죄의 처벌로 인하여 아비의 악을 자손에게 보응하신다는 말에 한정시켰으나, 이 말 자체는 독립구로서, 죄악 자체는 결코 깨

끗해질 수 없다는 하나의 구약 교리를 확립하는 말이다. - 역자 주)

14. 민수기 14:29 (사례 E)

KJV : Your carcases shall fall in this wilderness; and all that were numbered of you, according to your whole number, from twenty years old and upward, which have murmured against me,

한글킹제임스성경 : 너희의 시체가 이 광야에 쓰러질 것이며 이십 세 이상으로 너희의 전체 수에 따라 너희 가운데서 계수받은 모든 자, 즉 나를 거역하여 불평하였던 자들인 너희는,

NIV : In this desert your bodies will fall-every one of you twenty years old or more who was counted in the census and who has grumbled against me.

개역한글판 : 너희 시체가 이 광야에 엎드러질 것이라 너희 이십 세 이상으로 계수함을 받은 자 곧 나를 원망한 자의 전부가

이 구절은 정확히 번역되어 있다. 그러나 이 구절의 연관 구절인 히브리서 3:16에서는 "이집트에서 모세가 인도했던 모든 자들이 아니냐?"

라고 번역하여 모순을 나타내었다. (개역한글판도 같은 오류를 범하고 있다. - 역자 주) 〈킹제임스성경〉에서 그 구절은 『**그러나 모세에 의하여 이집트에서 나온 모든 사람이 그리한 것은 아니었느니라.**』(히 3:16)고 이 진리를 보존하고 있다. "완전하고도, 축자적으로 영감된 원본들"을 믿는다고 말하는 이들은 이 구절을 망가뜨려, 실재하지도 않는 하나의 모순을 고의적으로 만들어 냈다(84번 참조).

15. 민수기 21:5 (사례 G)

KJV : And the people spake against God, and against Moses, Wherefore have ye brought us up out of Egypt to die in the wilderness? for *there is* no bread, neither *is there any* water; and our soul loatheth this light bread.

한글킹제임스성경 : 백성이 하나님과 모세를 거역하여 말하기를 "어찌하여 당신들은 우리를 이집트에서 데리고 나와 광야에서 죽게 하나이까? 여기는 먹을 것도 없고 물도 없으니, 우리 혼이 이 보잘것없는 음식을 싫어하나이다." 하였더니,

NIV : they spoke against God and against Moses, and said, "Why have you brought us up out of Egypt to die in the desert? There is no bread! There is no water! And we detest this miserable food!"

현대 번역가들은 "시대에 뒤떨어지지 않는 언어를 사용한다."고 말한다. 그러나 그들은 〈킹제임스성경〉에 현대 일상 언어로 되어 있어, 현대 영어를 사용하는 사람들이 일상생활에서 사용하는 용어까지도 바꾸어버린다. 그들은 단지 〈킹제임스성경〉의 용어이기 때문에 바꾸어 버리는 것이다. 여기에서 남부 사람들의 "보잘것없는 음식"(light bread) - 이것은 20세기의 표현이다 - 은 슬그머니 "비참한 음식물"(miserable food)로 변개되어 있다.

16. 민수기 33:52 (사례 E)

KJV : Then ye shall drive out all the inhabitants of the land from before you, and destroy all their <u>pictures</u>, and destroy all their molten images, and quite pluck down all their high places:

한글킹제임스성경 : 그 땅 거민을 너희 앞에서 다 몰아내고 그들의 모든 <u>그림들</u>을 파괴하고 모든 부어 만든 형상들을 다 파괴하며 산당들을 다 뽑아 낼 것이며

NIV : drive out all the inhabitants of the land before you. Destroy all their <u>carved images</u> and their cast idols, and demolish all their high places.

개역한글판 : 그 땅 거민을 너희 앞에서 다 몰아내고 그 <u>새긴 석</u>

상과 부어 만든 우상을 다 파멸하며 산당을 다 훼파하고

『**그림들**[pictures]』은 "새긴 형상"(carved images)으로 바뀌어 있다. (개역한글판도 같은 오류를 범하여 "새긴 석상"이라고 번역했다. - 역자 주) 따라서 이 변개된 성경을 읽는 사람들은 이 "그림들"을 즐기는 것에 아무런 거부감이 없다. 그 그림들이 이교적일지라도 사람들은 하루 평균 3시간 이상 TV 앞에 앉아 이 "그림들"을 즐긴다. "그림들"에 관한 성경의 경고를 제거하는 데 관심을 가질 자가 누구겠는가? 그 경고를 무시했던 저 이스라엘 족속들이 무엇을 행하였는지 보라!(겔 8:10,17,18)

17. 신명기 32:14 (사례 D)

KJV : Butter of kine, and milk of sheep, with fat of lambs, and rams of the breed of Bashan, and goats, with the fat of kidneys of wheat; and thou didst drink the pure blood of the grape.

한글킹제임스성경 : 소의 버터와 양의 젖과 어린양들의 기름과 바산에서 기르는 숫양들과 염소들과 기름진 밀알로 먹이셨으며, 또 너는 포도의 순수한 피를 마셨도다.

NIV : with curds and milk from herd and flock and with fattened lambs and goats, with choice rams of Bashan and the finest kernels of wheat. You drank the foaming blood of the grape.

개역한글판 : 소의 젖 기름과 양의 젖과 어린양의 기름과 바산 소산의 수양과 염소와 지극히 아름다운 밀을 먹이시며 또 포도즙의 붉은 술을 마시우셨도다

〈킹제임스성경〉에서 이 구절은 확고하게 되어 있어서, 사람들이 그리스도의 피("순수한 피" - pure blood)가 발효되지 않은 포도주로 상징된다는 것을 입증하려고 할 때면 이 구절을 찾게 된다(신명기 32:14를 신명기 29:6과 비교해 보라). 그러나 변개된 성경인 NIV는 본문인 신명기 32:14을 "거품이 이는 피"(foaming blood)로 바꾸어서 발효된 포도주가 그리스도의 피를 상징하도록 만들었다. (포도의 발효되지 않은 "순수한 피"는 예수 그리스도의 순수한 피를 상징하는 것이므로 "포도의 순수한 피"라고 번역해야 하는데, 개역한글판은 "포도의 피"라는 말을 이해하지 못하고 "포도즙의 붉은 술"이라고 번역하였다. - 역자 주)

18. 신명기 32:33 (사례 E)

KJV : Their wine *is* the poison of dragons, and the cruel venom of asps.

한글킹제임스성경 : 그들의 포도주는 용의 독이요, 독사들의 지독

한 독이라.

NIV : Their wine is the venom of serpents, the deadly poison of cobras.

개역한글판 : 그들의 포도주는 뱀의 독이요 독사의 악독이라.

『**용의 독**[poison of dragons]』을 "뱀의 독"(venom of serpents)으로 바꾸었다. 라오디케아 시대의 배교자들에게 "용"이라는 것은 이해할 수가 없는 존재이다. 그들에게는 "용"과 같은 것들은 없다(시 44:19, 렘 51:37, 겔 29:3, 미 1:8, 시 74:13, 사 27:1 등). 그래서 이러한 구절 모두는 고쳐져야 했고, 그래서 〈킹제임스성경〉을 제외한 모든 성경들은 그 단어를 제거했다. 만약 당신이 "오직 〈킹제임스성경〉"(밥 존스 3세가 그의 교수 요원들의 죄들을 은폐하기 위해 만든 용어)을 고집하는 광신자라면, 당신은 이 세상에서 "용들"을 말하는 유일한 성경을 갖는 것이다. 그들은 성경에 대한 불신과, 조소에 대한 두려움과, 과학에 의한 세뇌로 말미암아 성경을 변개시켰다. (개역한글판은 때때로 "용"이라는 용어를 살리기는 했어도, 많은 부분에서 NIV 및 다른 역본들을 따라 "용"이라는 단어를 제거했다. - 역자 주)

19. 재판관기 5:10 (사례 B)

KJV : Speak, ye that ride on white asses, ye that sit in judgment, and walk by the way.

한글킹제임스성경 : 흰 나귀들을 탄 너희는 재판에 앉은 너희는 말하라, 길을 따라 걸으라.

NIV : "You who ride on white donkeys, sitting on your saddle blankets, and you who walk along the road, consider

개역한글판 : 흰 나귀를 탄 자들, 귀한 화문석에 앉은 자들, 길에 행하는 자들아 선파할찌어다

카나안의 야빈 왕과 시스라를 물리친 드보라의 노래 중에 나오는 이 구절은, 주 예수 그리스도와 함께 통치하기 위하여 아마겟돈에서 돌아오는(계 20:4) 구원받은 유대인들이 『**흰 나귀들**[white asses]』를 타고 온다는 것을 암시하는 구절이다. 성경에 『**재판**[judgment]』이라고 되어 있으므로 우리는 그들이 재판석에 앉아 "통치"하게 된다는 것을 알 수 있는데, NIV에 따르면 그들은 통치할 수 없다. NIV는 "재판에 앉은 너희는"이라고 기록된 성경을(마 25:31; 20:21, 계 20:4 참조) "당신의 안장 담요에 앉으사"라고 고쳐 놓았기에, 그들의 유업은 단지 안장 없은 당나귀에 불과할 것이기 때문이다.

[개역한글판의 "귀한 화문석에 앉은" 이라는 말 속에는 "통치"의 개념을 찾아볼 수 없다. (귀한 화문석은 경기도 강화도의 특산물이다!) 그러나 성경에서 "재판"은 "통치"의 개념을 수반한다. - 역자 주]

20. 재판관기 5:14 (사례 E)

KJV : Out of Ephraim was *there* a root of them against Amalek; after thee, Benjamin, among thy people; out of Machir came down governors, and out of Zebulun they that handle the pen of the writer.

한글킹제임스성경 : 아말렉을 대적한 자들의 뿌리가 에프라임에서 나왔고 네 뒤를 이어 백성 가운데 베냐민이 나왔고 마킬에서 치리자들이 내려왔고 스불룬에서는 글쓰는 자의 펜을 다루는 자들이 나왔도다.

NIV : Some came from Ephraim, whose roots were in Amalek; Benjamin was with the people who followed you. From Makir captains came down, from Zebulun those who bear a commander's staff.

개역한글판 : 에브라임에게서 나온 자는 아말렉에 뿌리 박힌 자요 그 다음에 베냐민은 너희 백성 중에 섞였으며 마길에게서는 다스리는 자들이 내려왔고 스불론에게서는 대장군의 지팡이를 잡은 자가 내려왔도다

〈킹제임스성경〉의 『**글쓰는 자의 펜**[the pen of the writer]』이 "지휘관의 지팡이"(a commander's staff - 개역한글판은 '대장군의 지팡이')로 바뀌었다. 그래서 NIV에서는 『**글쓰는 자의 펜**』을 다루는 자들이 아

무에게서도 나오지 않는데, 〈개역표준역본, RSV〉(1952)은 소위 "역사적인 입장"을 들어 이때에는 펜이나 잉크가 사용되지 않았다고 둘러댄다. 그래서 펜은 스불룬의 손에서 없어져 "지휘관의 지팡이"로 바뀌었다.

21. 욥기 41:1 (사례 E)

KJV : Canst thou draw out leviathan with an hook? or his tongue with a cord which thou lettest down?

한글킹제임스성경 : 네가 갈고리로 리비야단을 끌어낼 수 있겠느냐? 또한 끈으로 그의 혀를 맬 수 있겠느냐?

NIV : "Can you pull in the leviathan with a fishhook or tie down his tongue with a rope?

개역한글판 : 네가 능히 낚시로 악어를 낚을 수 있겠느냐 노끈으로 그 혀를 맬 수 있겠느냐?

NIV는 이 구절을 "리비야단"(leviathan)이라고 놔두고서 "리비야단은 아마도 악어일 것이다."라고 각주를 달아 놓았다. 독자는 한 개 이상의 머리를 가진(시 74:14를 보라) 불을 뿜는(계 12장) "악어"를 상상할 수 있겠는가?

(개역한글판은 아예 '악어'라고 번역했다. - 역자 주)

22. 시편 9:17 (사례 F)

KJV : The wicked shall be turned into hell, *and* all the nations that forget God.

한글킹제임스성경 : 악인은 지옥으로 돌려질 것이요, 하나님을 잊어버린 모든 민족들도 그러하리라.

NIV : The wicked return to the grave, all the nations that forget God.

개역한글판 : 악인이 음부로 돌아감이여 하나님을 잊어버린 모든 열방이 그리 하리로다.

『**지옥**[hell]』이 "무덤"(grave)으로 바뀌어 있다. 현대인들에게 있어서 "지옥"이란 그들의 생활방식이나 가치관에 역행하고 또 매우 기분 나쁜 단어이므로, 그것은 없어져야 한다. 어떤 특정한 장소를 가리키는 곳으로서의 "지옥"이라는 말은 NIV의 어느 곳에서도 나타나지 않는다. 그러므로 이 역본에 따르면 아무도 지옥에 가지 않는다. 이 역본에 따르면 지옥은 계시록 20:14에서 불못에 던져지지도 않으며, 예수 그리스도는 계시록 1:18에서 "지옥과 사망의 열쇠들"을 갖고 계시지도 않는다. 그뿐 아니라 요나(욘 2:2)도 예수 그리스도도 아직 그 장소를 본 적이 없고, 또 "하나님을 잊어버린" 어떤 나라도 지옥에 갈 것에 대해 염려할 필요가 없다. NIV에서 "지옥"이라는 단어는 14권의 책에서 사라졌다. NIV는 구원받지 못한 사람들에게 그 말을 제거시켜 준 것 이외에는 더 이상의 실제적인 도움을 주지 못하였다. 어떤 사람이 "지옥불"에 마주칠지라도 이 역본에 따르면 그는 결코 "지옥"에 가지 않는다.

23. 시편 12:6,7 (사례 A)

KJV : The words of the LORD *are* pure words: *as* silver tried in a furnace of earth, purified seven times. Thou shalt keep them, O LORD, thou shalt preserve them from this generation for ever.

한글킹제임스성경 : **주**의 말씀들은 순수한 말씀들이라. 흙 도가니에서 단련되어 일곱 번 정화된 은 같도다. 오 **주**여, 주께서 이 말씀들을 간수하시리니 주께서 이 세대로부터 영원토록 그것들을 보존하시리이다.

NIV : And the words of the LORD are flawless, like silver refined in a furnace of clay, purified seven times. O LORD, you will keep us safe and protect us from such people forever.

개역한글판 : 여호와의 말씀은 순결함이여 흙도가니에 일곱번 단련한 은 같도다 여호와여 저희를 지키사 이 세대로부터 영영토록 보존하시리이다.

하나님께서 그분의 『**말씀들**』을 보존하실 것이라는 약속을 발견하자마자, NIV는 발작적으로 "them" 곧 『**말씀들**』을 가리키는 대명사를 "우리"(us)로 변경시킨 후, 『**이 세대**[this generation]』를 "그런 사람들"(such people)로 바꾸어 버렸다.

NIV는 "그런 사람들," 즉 악한 사람들로부터 자신들(유대인들)을 보호해 달라는 의미로 이 구절을 오해했는데, 본문은 분명히 말씀을 영원히 보존하신다는 내용이다.

하나님께서 자신의 말씀을 보존하신다는 그 위대한 진리를 제거하기 위하여 그들은 한 구절을 날조했다. 유대인들은 분명히 "그런 사람들로부터"(such people, NIV) 영원히 보호되지 않았다. "그런 사람들," 즉 아돌프 히틀러와 하인리히 히믈러, 요셉 괴벨스와 헐만 괴링, 아돌프 에히만과 쿠르트 프란쯔 스탕글 등은 이 "보호"의 약속이 주어진 지 2,000년이 더 지난 후에 그들 종족 가운데 거의 4분의 1을 제거해 버렸다. 다시금 NIV는 우주 안의 가장 분명한 진리들 가운데 하나를 숨기기 위하여 거짓말을 만들어야만 했다. 그 유대인들은 대환란 가운데서도 "그런 사람들"로부터 보호되지 않을 것이다. 단지 144,000명만이 보호될 것이다.

24. 시편 19:1 (사례 E)

KJV : The heavens declare the glory of God; and <u>the firma-</u>

ment sheweth his handywork.

한글킹제임스성경 : 하늘들이 하나님의 영광을 선포하고 창공이 그의 손으로 하신 일을 나타내는도다.

NIV : The heavens declare the glory of God; the skies proclaim the work of his hands.

NIV의 독자에게는 『**창공**[firmament]』이 없다.

대신 이 구절에서는 『**창공**』이 "하늘들"(skies)로 바뀌어 있다. 해와 달과 별들이 있는 이 "창공"은 창세기 1:7의 "창공"과 같은 것인데, 이 역본으로는 그것을 알 수가 없다.

NIV가 여기에서 "skies"로 번역한 단어는 히브리어로 רָקִיעַ(라키아)인데, NIV는 이 단어를 10번 이상 "광활한 공간"(expanse)으로 번역했으면서도 이 구절에서는 "skies"라고 번역했다.

그들은 똑같은 단어를 다니엘서 12:3에서는 "하늘들"(heavens)이라고 번역했는데, 이 "heavens"는 시편 19:1의 전반부에서 나타나는 단어로 히브리어 שָׁמַיִם(샤마임)에서 온 것이다.

이때 이 배교자들은 어떻게 말하는가? 그들은 이처럼 "최상의 히브리어 및 헬라어 원본들"을 자신들의 자의적 해석을 위해 포기하는 경우, "그것은 사람들의 믿음을 세워 주기 위한 것이다. 그것은 사람들에게 저자의 의도를 더 확실하게 이해시켜 주기 위한 것이다."라고 변명하기 일쑤이다.

25. 시편 22:30 (사례 B)

KJV : A seed shall serve him; it shall be accounted to the Lord for a generation.

한글킹제임스성경 : 한 씨가 그를 섬길 것이요, 그것이 주께 한 세대로 여겨지리라.

NIV : Posterity will serve him; future generations will be told about the Lord.

개역한글판 : 후손이 그를 봉사할 것이요 대대에 주를 전할 것이며

『**한 씨**[seed]**가 그를 섬길 것이요**』가 "후손(posterity)이 그를 섬길 것이요"로 바뀌었다. 그러나 "후손"은 분명히 그를 섬기지 않을 것이다. 그것은 "그 자신의 씨"(seed)인데, 그는 그것을 "그를 섬길" 한 새로운 탄생에 의해 얻게 될 것이다(시 22:31 『**그들이 와서 태어날 한 백성을 위한 그의 의를 선포하리니 이는 그가 이것을 행하셨음이라.**』 - KJV). 그래서 이 씨는 단지 "아직 태어나지 않은"(yet unborn - NIV)이 아니라 "태어날 한 백성"(a people that shall be born - KJV)이다. 이것은 니코데모가, 비록 그가 "이스라엘의 선생"(요 3:10)이었을지라도, 발견할 수 없었던 진리에 관한 바로 그 관련 구절이었다. 다가올 새로운 탄생(거듭남)이 발견되는 곳은 그리스도의 십자가를 묘사한 이 시편에서이다(시 22:29-31을 보라). 그러나 그것은 NIV에서 완전히 흐려져 있으

며, NIV는 "저자의 의도를 명확하게 전달하는 데" 실패했을 뿐만 아니라, 뻔뻔스럽게도 『**썩지 아니할 씨**[seed]』(벧전 1:23)에 의한 신약적 출생에 관한 예언을 흐려 놓았다. 이 씨는 주님에게 한 세대로(30절) 간주되어야 하는데, 그 이유는 주께서 그 씨를 낳으시기 때문이다(요 1:13). NIV는 단지 유치한 난센스로 보기에는 그 죄상이 너무 심각하다. 그것은 성경 전체에서 가장 위대한 두 가지 진리를 고의적으로 변개시켰기 때문이다.

26. 시편 119:38,41 (사례 A)

KJV : Stablish thy word unto thy servant, who *is devoted* to thy fear(38절). Let thy mercies come also unto me, O LORD, *even* thy salvation, according to thy word(41절).

한글킹제임스성경 : 주를 두려워하는 데 열중하는 주의 종에게 주의 말씀을 굳게 세우소서(38절). 오 **주**여, 주의 말씀대로 주의 자비와 주의 구원도 내게 임하게 하소서(41절).

NIV : Fulfill your promise to your servant, so that you may be feared(38절). May your unfailing love come to me, O LORD, your salvation according to your promise;(41절)

시편 119편은 성경에서 하나님의 말씀에 대한 가장 위대한 장(章)

이다. 그것은 성경에서 가장 긴 장이며, 성경은 하나님의 말씀이다. 그러나 이 역본의 38절과 41절에 따르면 하나님의 말씀대로 되는 것은 아무것도 없다. 38절의 『**주의 말씀을 굳게 세우소서.**』와 41절의 『**주의 말씀대로**』라는 〈킹제임스성경〉의 구절들은 이 역본에서 "말씀"(word) 대신에 "약속"(promise)으로 바뀌어 있다. 이러한 유실은 76절과 82절에서 거듭된다. 누군가가 "말씀"을 대단히 유감스럽게 생각하는 모양이다. 160절에서는 『**주의 말씀은 처음부터 참되며**』(KJV)에서 "처음부터"(from the beginning)가 빠져 버리고, 그 대신 "주의 모든(all) 말씀은 참되며"로 대치되었다. 그 위원회의 배교자들 중의 누군가가 유신론적 진화론자들이었음이 틀림없다(주의 말씀이 처음부터 참된 것이 아니라 언젠가 모든 말씀이 참되게 되었으니 말이다). 170절에서도 역시 『**주의 말씀**[thy word]』은 "주의 약속"(your promise)으로 바뀌어 있다. 그러므로 이 역본에 따르면 우리는 주의 말씀에 따라서는 구원받지 못한다.

27. 시편 136:1 (사례 B)

KJV : O give thanks unto the LORD; for he is good: for his <u>mercy</u> endureth for ever.

한글킹제임스성경 : 오, **주**께 감사하라. 그는 선하시며, 그의 <u>자비</u>가 영원히 지속됨이라.

NIV : Give thanks to the LORD, for he is good. His <u>love</u>

endures forever.

시편 136편에서 자유주의적인 인문주의자들은 『**자비**[mercy]』가 너무도 부정적인(negative) 어휘이므로(자비의 의미는 복수하지 '아니하는'의 뜻이므로) "사랑"(love)이라는 말로 대체되어야 한다고 결정했다. 그래서 우리는 26번이나 "그의 사랑이 영원함이로다."라는 구절을 발견한다. 거기에 해당하는 히브리어 단어는 חֶסֶד(헤쎄드)인데, 그것은 또한 창세기 19:19에서는 "사랑"(love)이 아니라 "친절"(kindness)로 오역되어 있다. 또한 이 말은 재판관기(사사기) 1:24에서 완전히 의역되어 "네가 잘 대접받는"으로 되어 있다(개역한글판은 "너를 선대하리라" - 역자 주).

이 사람들은 *πάσχα*(파스카)를 말할 때면 언제나 유월절로 번역해야 한다고 번역의 "일관성"을 이야기하면서도, 이 말에 부딪혀서는 의역으로 일관해 버린다. 심지어 시편 85:7에서는 그 말을 "실패하지 않는 사랑"(unfailing love)으로 번역하였다. 그러나 이런 식의 기회주의적 번역은 그 배교자들이 시편 109:12에 이르게 될 때 곤경에 처하게 하는데, 왜냐하면 여기에서는 "죄의 사람"(살후 2장) 유다 이스카리옷(가룟 유다)이 제시되어 있기 때문이다. 그래서 חֶסֶד(헤쎄드)라는 말은 "아무도 그에게 <u>친절</u>을 베풀지 않게 하소서"로 주어져 있는데, 그것은 전혀 그 뜻이 아니다. 그 구절에는 긍정적인 내용이 전혀 없다. 그 구절에 있었던 말은 "자비"였는데, 이 말은 부정적인 말이다. 시편 109편의 문맥을 보라. 이들 자유주의적인 배교자들이 그 단어의 그 긍정적인 번역을 정당화하기 위하여 얼마나 멀리 갈 것인가를 알 수 있다.

어떤 일이 일어나고 있는가를 보라. 서서히 그러나 확실히 그리스도인들의 성품은 현대의 자유주의적 인도주의자들과 같은 성품으로 전환되어지고 있다. 그 과정은 느리고, 또 다른 많은 곳들에서는 〈킹제임스성경〉을 따르고 있지만, 그것은 "전체 덩어리를 부풀게 하는" 누룩처럼 작은 효모가 되어 독자들로 하여금 성경을 거부하는 "그리스도인"이 되도록 독자들의 마음과 혼에서 작용하고 있는 것이다.

28. 시편 138:2 (사례 A)

KJV : I will worship toward thy holy temple, and praise thy name for thy lovingkindness and for thy truth: for thou hast magnified thy word above all thy name.

한글킹제임스성경 : 내가 주의 거룩한 전을 향하여 경배하고 주의 자애하심과 주의 진리를 인하여 주의 이름을 찬양하리니 이는 주께서 주의 말씀을 주의 모든 이름 위에 크게 하셨음이니이다.

NIV : I will bow down toward your holy temple and will praise your name for your love and your faithfulness, for you have exalted above all things your name and your word.

그 가공할 만한 "말씀"에 관한 문제가 다시 대두된다. 이 "말씀"이라는 단어는 배교한 근본주의자가 그것과 맞부딪힐 때마다 그들을 곤란하게 한다. 이 시편은 예수 그리스도의 이름보다 기록된 말씀을 더 높이는 것에 관해 말하고 있는데(빌 2:9,10을 보라), 라오디케아 시대의 배교자는 이러한 내용이 하나도 남지 않을 때까지 그 본문을 "망치와 집게"로 쳐버린다. NIV는 "이는 주께서 모든 것들 위에 주의 이름과 주의 말씀을 높이셨음이니이다."라고 고쳤다. 이 변개는 "주의 이름" 앞에다가 "것들"(things)을 넣고 "주의 이름" 뒤에 "그리고"(and)를 첨가시킴으로 이루어졌다.

이것은 배교가 어떻게 이루어지는가에 대한 "사례 A"의 한 실례이다. 이러한 미묘한 변개들은 표면적으로는 대단히 사소한 것처럼 보이지만, 자세히 검토해 보면 그것들은 성경을 믿는다고 고백하면서 그 말씀들을 부지중에 변개시키는 사람들을 통하여 일하는 사탄의 역사인 것이다.

29. 시편 148:4 (사례 E)

KJV : Praise him, ye heavens of heavens, and ye waters that *be* above the heavens.

한글킹제임스성경 : 너희 하늘들의 하늘들과 하늘들 위에 있는 너희 물들아, 그를 찬양하라.

NIV : Praise him, you highest heavens and you waters above

the skies.

태양계 위에 있는 문자 그대로의 "물"에 관한 말씀 앞에 주춤하는 번역자들을 보라(창 1장). 이 진리를 숨기기 위하여 이 배교자들은 본문을 "skies" 위의 물들로 기록하였다. 이 단어에 해당하는 히브리어는 שָׁמַיִם(샤마임)인데, NIV 번역자들은 그것을 창세기, 출애굽기, 레위기, 신명기, 여호수아, 재판관기, 사무엘상하, 에스라, 느헤미야, 욥기, 잠언, 이사야, 예레미야 그리고 다니엘서 등에서는 "하늘"(heaven), 혹은 "하늘들"(heavens)로 번역한다.

30. 잠언 14:9 (사례 F)

KJV : Fools make a mock at sin: but among the righteous *there is* favour.

한글킹제임스성경 : 어리석은 자들은 죄를 비웃으나, 의로운 자들 가운데는 은총이 있느니라.

NIV : Fools mock at making amends for sin, but goodwill is found among the upright.

본문의 『**어리석은 자들은 죄를 비웃으나**』가 "어리석은 자들은 죄를 보상하는 것을 비웃는다."라고 변개되어 있다. 이 구절은 개신교 부흥

역사에서 모든 주요 설교자들이 즐겨 사용했던, 구약에서 가장 위대한 구절들 중의 하나이다. 또 잠언 12:11이나 11:17은 문제되는 곳이 전혀 없음에도 불구하고 단지 〈킹제임스성경〉의 본문을 바꾸기 위하여 완전히 변개하였다(사례 G).

31. 잠언 16:3 (사례 F)

KJV : Commit thy works unto the LORD, and thy thoughts shall be established.

한글킹제임스성경 : 너의 일들을 주께 맡기라. 그리하면 너의 생각들이 바로 서리라.

NIV : Commit to the LORD whatever you do, and your plans will succeed.

개역한글판 : 너의 행사를 여호와께 맡기라 그리하면 너의 경영하는 것이 이루리라

이것은 구약성경에서 젊은 사람에게 생각의 죄와 상상의 죄를 극복하는 방법을 말하는 가장 위대한 구절이다(신약성경에서는 고린도후서 10:4,5를 보라). 그러나 이 구절은 변개되어 노먼 빈센트 필(Norman Vincent Peale)과 척 스윈돌(Chuck Swindoll)과 로버트 슐러(Robert Shuller) 식의 설교에서 사용되었다. "네가 무엇을 하든지 주께 맡기라.

그러면 너의 계획들이 성공할 것이다."라고. 그러나 "원본"은 말한다. 『**너의 일들을 주께 맡기라. 그리하면 너의 생각들이 바로 서리라.**』(개역한글판의 이 구절은 많은 은사주의자들이 사업을 시작할 때 표구해서 선물해 주는 구절이기도 하다. - 역자 주)

누가 성경을 뜯어고쳐, 당신의 생각은 통제하지도 않고 맡기기만 하면 "성공"할 수 있다고 생각하도록 인도하려 하는가? 누가 그런 짓을 하고 있다고 생각하는가?

32. 잠언 18:1,2 (사례 F)

KJV : Through desire a man, having separated himself, seeketh and intermeddleth with all wisdom. A fool hath no delight in understanding, but that his heart may discover itself.

한글킹제임스성경 : 욕망으로 말미암아 스스로 분리된 사람은 모든 지혜를 찾아 혼잡케 하느니라. 어리석은 자는 명철을 기뻐하지 아니하고 자기 마음을 드러내기만 하느니라.

NIV : An unfriendly man pursues selfish ends; he defies all sound judgment. A fool finds no pleasure in understanding but delights in airing his own opinions.

개역한글판 : 무리에게서 스스로 나뉘는 자는 자기소욕을 따르는

> <u>자라 온갖 참 지혜를 배척하느니라</u> 미련한 자는 명철을 기뻐하지 아니하고 자기의 의사를 드러내기만 기뻐하느니라

나는 1952년으로 돌아가서 밥 존스 대학 교수단의 박사학위 논문에서 이것을 끌어냈는데, 그러나 그것이 산뜻하게 재배열되어 있기 때문에 여러분은 그 범인을 알아차릴 수 없다. 그 "원본"에 손을 댄 범인은 그가 원하였던 죄를 범하기 위한 알리바이를 마련하리라는 희망을 가지고 지적으로 추구하며 시간을 소비하였던 똑똑한 사람이었다. NIV 위원회의 모든 위원들은 이런 부류에 속한 사람들이므로, 그들은 이 구절이 자신들을 위협하고 있음을 인지한 후 그것을 제거하였다.

성경은 『**욕망으로 말미암아 스스로 분리된 사람은 모든 지혜를 찾아 혼잡케 하느니라. 어리석은 자는 명철을 기뻐하지 아니하고 자기 마음을 드러내기만 하느니라.**』(KJV)라고 되어 있으나, 이 역본은 "불친절한 사람은 이기적인 목적들을 추구하며, 모든 건전한 판단에 대항한다. 어리석은 사람은 명철을 즐거워하지 아니하고 그의 의견을 말함으로써 기뻐한다."(NIV)라고 번역하였다. 이와 같은 번역은 분명히 저자가 말하려고 했던 의도를 살린 것이 아니다. 오히려 그것은 모든 지혜를 찾아 혼잡케 할 욕망을 갖고 스스로를 분리시키려는 사람이 조작해 낸 변개일 뿐이다.

당신은 NIV가 어떤 종류의 "그리스도인들"을 만들어 낼 것인가를 상상할 수 있겠는가? NIV는 〈킹제임스성경〉을 없애려고 만들어진 120개가 넘는 "대체물들" 가운데 하나이다. 우리는 그들의 열매로 그들을 알

게 될 것이다.

33. 잠언 20:6 (사례 F)

KJV : Most men will proclaim every one his own goodness: but a faithful man who can find?

한글킹제임스성경 : 많은 사람들은 각기 자신의 선함을 선언하나, 누가 신실한 사람을 만날 수 있으리요?

NIV : Many a man claims to have unfailing love, but a faithful man who can find?

개역한글판 : 많은 사람은 각기 자기의 인자함을 자랑하나니 충성된 자를 누가 만날 수 있으랴

『**많은 사람들은 각기 자신의 선함을 선언하나, 누가 신실한 사람을 만날 수 있으리요?**』(KJV) 이 구절을 변개시켜 버린 자들은 실로 신실하지 못한 청지기임을 스스로 입증하는 셈이다(고전 4:1,2). 이 구절에서 문제 삼는 것은 자신의 선함을, 자기 자신의 의로움을 내세우는 자들인데도 "자신의 선함"(his own goodness)을 "실패하지 않는 사랑"(unfailing love)으로 바꾸어 버림으로써 문제의 초점을 흐려 놓았다. 자신들이 스스로 선하다고 생각하는 모양이다.

34. 잠언 23:14 (사례 F)

KJV : Thou shalt beat him with the rod, and shalt deliver his soul from <u>hell</u>.

한글킹제임스성경 : 너는 그를 매질해야 하리니, 그리하면 그의 혼을 <u>지옥</u>으로부터 구해 내리라.

NIV : Punish him with the rod and save his soul from <u>death</u>.

개역한글판 : 그를 채찍으로 때리면 그 영혼을 <u>음부</u>에서 구원하리라

『**그의 혼을 지옥으로부터 구해 내리라.**』(KJV)가 "그의 혼을 죽음으로부터 구원하리라."(NIV)로 바뀌었다. 만약 당신이 NIV의 팬이라면, 자녀들을 매로 때리든지 때리지 않든지, 당신은 그들이 지옥으로 갈 것에 대해 염려할 필요가 없다. NIV에 따르면 그들은 모두 구원받는다. NIV는 단지 그들의 혼을 "죽음"(death)으로부터 구원할 수 있다고 말하기 때문이다. "지옥"은 전혀 문제가 되지 않는 것이다.

만약 당신이 NIV를 "성경"이라고 생각할 만큼 어리석다면, 그 성경에 있는 66권의 책들 중 그 어느 곳이든지 펼쳐 보도록 하라. 당신이 아무리 그 성경을 뒤진다 해도 인간이 가야 할 지옥은 보이지 않을 것이다. NIV의 잠언 27:20에서도 지옥이 없다고 말한다. 그곳엔 단지 "죽음"(death)만 있을 뿐이다.

35. 전도서 10:10 (사례 F)

KJV : If the iron be blunt, and he do not whet the edge, then must he put to more strength: but wisdom *is* profitable to direct.

한글킹제임스성경 : 쇠가 무딘데도 날을 갈지 않으면 그는 더 힘을 써야만 하나, 지혜는 지도하기에 유익하니라.

NIV : If the ax is dull and its edge unsharpened, more strength is needed but skill will bring success.

개역한글판 : 무딘 철 연장날을 갈지 아니하면 힘이 더 드느니라 오직 지혜는 성공하기에 유익하니라

『**지혜**[wisdom]』가 "재주"(skill)로 바뀌어 있다. 만약 당신이 "재주"(skill, NIV)를 가진다면, 당신은 당신을 지도할 『**지혜**』(KJV)를 필요로 하지 않을 것이다.

솔로몬은 이 구절에서 만약 당신이 당신의 도끼를 날카롭게 갈지 않았다면 나무를 베는 데 좀 더 많은 "힘"(재주가 아니고)이 들 것이라고 말하고 있다. 그리고 당신은 그 도구로 "재주"가 아니라 그것에 적용되는 "지혜"를 필요로 하게 되는 것이다. (그리고 그 지혜는 NIV나 개역한글판처럼 "성공하기에" 유익한 것이 아니라, "지도하기에" 유익한 것이다. - 역자 주)

당신이 당신의 무딘 도끼를 아무리 "재주 있게" 휘둘렀다 할지라도,

당신은 여전히 "더 많은 힘"을 쏟아야 할 것이다. 보다시피 NIV 위원회는 서서히, 하지만 확실히 "그들의 재능을 잃고 있는" 것이다.

36. 전도서 12:9,10 (사례 F)

KJV : And moreover, because the preacher was wise, he still taught the people knowledge; yea, he gave good heed, and sought out, *and* set in order many proverbs. The preacher sought to find out acceptable words: and *that which was* written *was* upright, *even* words of truth.

한글킹제임스성경 : 더군다나 전도자가 현명하므로 백성들에게 여전히 지식을 가르쳤으니, 곧 그가 주의를 기울이고 탐구하여 많은 잠언을 정리하였도다. 전도자가 합당한 말들을 찾아내려 애썼으니 여기 기록된 것이요, 정직하며 진리의 말씀들이라.

NIV : Not only was the Teacher wise, but also he imparted knowledge to the people. He pondered and searched out and set in order many proverbs. The Teacher searched to find just the right words, and what he wrote was upright and true.

NIV는 『**전도자**[preacher]』를 "교사"(Teacher)로 바꾸었다[커스터(Custer), 닐(Neal), 마틴(Martin), 아프만(Afman), 올슨(Olson), 파스타드(Farstad) 등과 그 외의 "교사"들처럼]. 〈킹제임스성경〉에서 가리키는 그(he)는 "전도자"이다.

NIV 번역자들이 성경을 차츰차츰 파괴하면서 당신을 교묘히 끌어들이고 있다는 것을 알아차리겠는가? 그들은 구절구절마다, 매 교훈마다, "여기서도 조금, 저기서도 조금" 성경을 고쳐 놓고서 여러분이 "뒤로 넘어지고, 부러지고, 덫에 걸리고, 붙잡히도록" 하는 것이다(사 28:13, KJV).

당신은 전도자(preacher)였다. 그러나 당신은 더 이상 전도하거나 설교하지 않고, 단지 가르쳐야만 한다(teacher). 당신은 냉랭하게 전도할 것이고, 그래서 당신은 학자가 되고 또 다만 글을 쓰며 말하기만 할 뿐이다. 당신은 어떤 것에 대해서 어떠한 메시지도 전달하면 안 되고, 다만 그 책(성경)을 고치며 그 "한 목자"(전 12:11)가 당신에게 말하라고 준 것들을 지옥에다 던져 넣을 궁리만을 해야 한다. 참으로 기가 막힌 작전이라고 생각되지 않는가?

37. 이사야 6:13 (사례 B)

KJV : But yet in it *shall be* a tenth, and *it* shall return, and shall be eaten: as a teil tree, and as an oak, whose substance *is* in them, when they cast *their leaves: so* the holy seed *shall be* the substance thereof.

한글킹제임스성경 : 그러나 그 안에 아직도 십분의 일이 있을 것이요 그것이 돌아와서 먹힐 것이니 잎이 떨어져 줄기가 남아 있는 보리수나무와 상수리나무처럼, 거룩한 씨도 그 줄기가 되리라." 하셨더라.

NIV : And though a tenth remains in the land, it will again be laid waste. But as the terebinth and oak leave stumps when they are cut down, so the holy seed will be the stump in the land."

개역한글판 : 그 중에 십분의 일이 오히려 남아 있을찌라도 이것도 삼키운바 될 것이나 밤나무, 상수리나무가 베임을 당하여도 그 그루터기는 남아 있는 것 같이 거룩한 씨가 이 땅의 그루터기니라

예루살렘에 있는 적그리스도의 제단에서 유대인들이 당할 문자적인 희생(계 6:9; 20:4)이 완전히 갈가리 찢겨지게 되는데, 이는 NIV 번역위원회의 어떤 사람도 조수에 밀려오듯 밀려오는 미래의 예언에 관해 충분히 알지 못하였기 때문이다. 그래서 『**먹힐 것이니**[shall be eaten]』라는 말씀이 이사야 6:13에서 제거된 것이다. 유대인들은 시편 16:4과 시편 44:22, 신명기 32:32,33, 레위기 1:4,15에 예언되어 있는 것처럼 제물로 바쳐질 것이다. 그러한 예언이 NIV에서 고의적으로 흐려지게 된 것이다.

38. 이사야 9:3 (사례 B)

KJV : Thou hast multiplied the nation, *and* not increased the joy: they joy before thee according to the joy in harvest, *and* as *men* rejoice when they divide the spoil.

한글킹제임스성경 : 주께서 그 민족을 번성케 하셨으나 그 즐거움은 늘리지 아니하셨나이다. 그들이 주 앞에서 추수하는 기쁨과 사람들이 탈취물을 나눌 때의 즐거움같이 즐거워하니,

NIV : You have enlarged the nation and increased their joy; they rejoice before you as people rejoice at the harvest, as men rejoice when dividing the plunder.

개역한글판 : 주께서 이 나라를 창성케 하시며 그 즐거움을 더하게 하셨으므로 추수하는 즐거움과 탈취물을 나누는 때의 즐거움 같이 그들이 주의 앞에서 즐거워하오니

여기서는 "not"(『**아니하셨나이다**』)이 생략되어, "주께서 그 민족을 크게 하셨으며 그들의 즐거움을 늘리셨도다."로 바뀌어 버렸다. 원래는 『**그 즐거움은 늘리지 아니하셨나이다**[not increased the joy]』이다. 이 지구상 어느 곳에 남아 있는 어떤 히브리어 맛소라 본문에도 "not"이 없는 것은 없다.

"not"이라는 단어는 그것이 성경(KJV)에 보존되어 있는 것과 마찬가

지로 정확하게 히브리어 사본들에 나타난다. 배교자들은 한 민족이 그 안에 즐거워함이 없이 어떻게 증대될 수 있는가를 이해할 수 없었기에 "not"을 생략하게 된 것이다. 그들은 이스라엘이 고난(환란 기간)을 통해서 증가된다는 것을 교회 시대와 결부시켜서는 도저히 이해할 수 없었기에, 이 배교자들은 히브리어 본문을 버림으로 독자들을 자신들의 무지 수준으로 끌어내리는 것이다.

39. 이사야 14:13,14 (사례 E)

KJV : For thou hast said in thine heart, I will ascend into heaven, I will exalt my throne above the stars of God: I will sit also upon the mount of the congregation, in the sides of the north: I will ascend above the heights of the clouds; I will be like the most High.

한글킹제임스성경 : 이는 네가 네 마음속에 말하기를 "내가 하늘에 올라가서 내가 내 보좌를 하나님의 별들보다 높일 것이요, 내가 또한 북편에 있는 회중의 산 위에 앉으리라. 내가 구름들의 높은 곳들 위로 올라가, 내가 지극히 높으신 분같이 되리라." 하였음이라.

NIV : You said in your heart, "I will ascend to heaven; I will raise my throne above the stars of God; I will sit enthroned on the mount of assembly, on the utmost heights of the sacred mountain. I will ascend aboce the tops of the clouds; I will make myself like the Most High."

개역한글판 : 네가 네 마음에 이르기를 내가 하늘에 올라 하나님의 뭇별 위에 나의 보좌를 높이리라 내가 북극 집회의 산 위에 좌정하리라 가장 높은 구름에 올라 지극히 높은 자와 비기리라 하도다

NIV에는 『**북편**[the sides of the north]』이라는 말이 제거됨으로써 사탄의 위치가 교묘하게 감추어져 왔다. 그렇게 되면 시편 48:2에 대한 참조 구절이 망가지게 되는데, 바로 그곳은 새 예루살렘이 나타나는 곳이다.

말하자면 어떤 현대의 배교자들도 당신이 이 구절들에서 새 예루살렘의 위치를 알 수 있을 거라고 믿지 않기 때문에, 그 본문이 엉망이 되어 버린 것이다. 『**북편**』은 하나님이 계신 장소이며 새 예루살렘이 그곳에서 나타나게 되는데, 사탄은 바로 그 자리를 탈취하려고 하였던 것이다.

NIV에서는 단지 "거룩한 산의 가장 높은 곳"을 발견할 수 있을 뿐인데, 어떤 히브리어 필사본에도 이렇게 되어 있지 않다. 누가 사탄을 보호하려는 것인가?

40. 예레미야 51:34 (사례 E)

KJV : Nebuchadrezzar the king of Babylon hath devoured me, he hath crushed me, he hath made me an empty vessel, he hath swallowed me up like a dragon, he hath filled his belly with my delicates, he hath cast me out.

한글킹제임스성경 : "바빌론 왕 느부캇넷살이 나를 삼켰으며 나를 짓밟았으며 나를 빈 그릇이 되게 하였으며 그가 용처럼 나를 삼켰으며 그가 나의 맛있는 것들로 그의 배를 채우고 나를 쫓아내었느니라.

NIV : "Nebuchadnezzar king of Babylon has devoured us, he has thrown us into confusion, he has made us an empty jar. Like a serpent he has swallowed us and filled his stomach with our delicacies, and then has spewed us out.

NIV에는 『용』이 없다.

『용』에 해당하는 히브리어는 תַּנִּין(탄닌)인데, NIV는 이 단어를 예레미야 9:11; 10:22; 14:6; 49:33에서는 "자칼"(jackal)로 번역하였다. 그들은 "학문적인" 태도를 가장하여 이러한 짓을 하고 있다.

이런 배교의 마지막 결과들은 여러 갈래로 나타난다. 세계 도처에 큰 부흥을 가져왔던 성경(KJV)의 본문을 대치시키려는 시도가 1884년(RV)

에 있었다. 그로부터 약 100년 후인 1978년에, 1901년의 〈미국표준역본, ASV〉과 1952년의 〈개역표준역본, RSV〉과 1959년의 〈새미국표준역본, NASV〉을 경유하여, 우리는 〈새국제역본, NIV〉에 이르게 되었다. 이 역본에서도 역시 파괴적인 비판가들은 자기들이 좋아하지 않는 그 책(성경)에 있는 모든 것들에 대해 공격을 멈추지 않았다. 그들은 단순한 배교자들이 아니다. 그들은 완전한 배교자들인데, 만약 그들이 최초의 원본을 가졌다 할지라도, 그들은 그 최초의 원본들도 믿지 않을 것이다. 그들은 "최상의 본문들"에 집착하지 않으며, 그들은 "일관성 있게" 번역하지 않는다. 그들은 사리에 맞지도 않고, 계시되어져 온 것에 대해 충실하지도 않으며, 오히려 계시되어진 것들을 숨긴다. 종종 그들의 지성은 상식마저도 결여되어 있는 것 같다. 그들은 "신비들"에 대한 충실한 "청지기"들이 아니며(고전 4:1,2), 또한 그들은 만약 어떤 구절들이 그들의 죄들이나 혹은 결함들에 과녁이 맞추어져 있다면, 그 구절들을 그대로 놔둘 수 없는 것이다.

이것이 1978년의 〈새국제역본, NIV〉이다. 그것은 현대적인 배교의 이상적인 본보기인데, 그것은 근 100년 동안 불성실한 청지기들이 쌓아놓은 실수들을 모으고 "합쳐 놓은" 것이기 때문이다. 이 역본은 ASV, NASV, RSV, NRSV, RV 그리고 Living Bible을 하나로 응축해 놓은 역본이며, 데살로니가후서 2:3과 디모데후서 4:1-4에 경고한 바와 같이, 학문적인 기념비로 우뚝 선 마지막 때의 배교의 모습이다. NIV는 거짓된 증거로 위장되어 있고, 사본들을 부분적으로 선택함으로써 진리를 숨기고, 사견을 부풀리고, 조잡한 추측들과 불가능한 가설들을 세우며, 구원받지 못한 사람이 싫어하는 여러 가지 내용들을 배격하는 하나의 결정체이다.

비록 독자들이 그 역본으로 몇몇 사람들을 그리스도께로 인도할 수 있고(이것은 여호와의 증인들의 〈신세계역본, the New World Translation〉으로도 가능하다), 그 역본에서 "기본적인" 신앙의 요소들을 발견할 수 있을지라도(이것 역시 여호와의 증인들의 〈신세계역본〉으로도 가능하다), 이 역본(NIV)은 충분한 구절들을 유지시키면서 그리스도의 몸인 교회 안에서 최종적인 완전한 배교가 어떻게 진행되고 있는지를 보여 주고 있는데, 그 배교는 오리겐(디모데전서 3:16과 마가복음 1:1,2을 의문시하였던)으로 시작해서 밥 존스 3세에 이르고 있다. 여기에 더 많은 사례들이 있다.

41. 다니엘 8:25 (사례 B)

KJV : And through his policy also he shall cause craft to prosper in his hand; and he shall magnify *himself* in his heart, and by peace shall destroy many: he shall also stand up against the Prince of princes; but he shall be broken without hand.

한글킹제임스성경 : 그의 지혜를 통하여 그가 자기 손에 기술을 늘려서 자기 마음속에 자신을 높이고 평화로 많은 것을 멸하리라. 그는 또한 통치자들 중의 통치자를 대적하여 설 것

이나 그가 사람의 손에 의하지 않고 부서지게 되리라.

NIV : He will cause deceit to prosper, and he will consider himself superior. When they feel secure, he will destroy many and take his stand against the Prince of princes. Yet he will be destroyed, but not by human power.

개역한글판 : 그가 꾀를 베풀어 제 손으로 궤휼을 이루고 마음에 스스로 큰체하며 또 평화한 때에 많은 무리를 멸하며 또 스스로 서서 만왕의 왕을 대적할 것이나 그가 사람의 손을 말미암지 않고 깨어지리라

적그리스도가 평화를 말하며 국제연합(UN)을 치지하려고 준비할 때, NIV는 그것을 숨기려고 『**평화로**[by peace]』라는 말을 지워 버림으로, 적그리스도가 『**평화로**』 많은 것들을 멸할 것이라는 사실을 부정한다. 이처럼 성령에 의해 주어진 전능하신 하나님의 계시는 지워져 버렸으며, 그 대신 우리는 "그들이 안전하다고 느낄 때"(when they feel secure) 적그리스도가 사람들을 멸할 것이라고 읽게 된다.

그들은 그것도 부족해서 (그들은 사탄을 위해서 하는 일이 부족했다고 생각했는지) 한 걸음 더 나아가 같은 책에서 적그리스도의 조작 방법을 한 번 더 은폐시켰다. 성경은 그가 『**평화롭게 와서**[come in peaceably]』라고 말하며(단 11:21), 또 『**평화롭게... 들어가서**[enter peaceably]』라고 말하고 있으나(단 11:24), 이 구절들은 둘 다 라오디케아 교회 시대의 배교자들에 의하여 제거되었다. 대신 그들은 "안전하다고 느낄

때"(when...feel secure)라고 바꾸어 적그리스도를 이 구절에서 감추어 버린 것이다.

적그리스도는 "평화"에 대해 말하지 않으며 "평화"를 추구하자는 주장을 하지 않을 것이라고 이 역본은 주장하는 것이다. 어떤 무신론자나 공산주의자도 그를 위해서 할 수 없었던 것을 NIV가 해낸 것이다. 그들은 적그리스도의 흔적들을 덮어 버렸고, 그가 세계 역사의 무대로 진입하기 이전에 어떤 방식으로 나타날 것인가에 대한 경고들을 지워 버렸다. 그러나 적그리스도는 하나님의 말씀대로 『**평화로**』 가장하고 등장할 것이다.

42. 미카 5:2 (사례 D)

KJV : But thou, Bethlehem Ephratah, *though* thou be little among the thousands of Judah, *yet* out of thee shall he come forth unto me *that is* to be ruler in Israel; <u>whose goings forth *have been* from of old, from everlasting</u>.

한글킹제임스성경 : 그러나 너 베들레헴 에프라타야, 네가 비록 유다의 수천 가운데서 작을지라도 이스라엘을 통치할 자가 너로부터 내게로 나오리라. <u>그의 나오심은 예로부터요, 영원부터였느니라</u>.

NIV : "But you, Bethlehem Ephrathah, though you are small among the clans of Judah, out of you will come for me one who will be ruler over Israel, whose origins are from of old, from ancient times."

개역한글판 : 베들레헴 에브라다야 너는 유다 족속 중에 작을찌라도 이스라엘을 다스릴 자가 네게서 내게로 나올 것이라 그의 근본은 상고에, 태초에니라

NCCC에 속한, 그리스도를 거부하는 자유주의 지도자들을 따라(RSV), NIV는 예수 그리스도로부터 그분의 "영원한" 기원(『**영원부터**[from everlasting]』을 없애 버리고 그것을 "고대"(from ancient times)라고 축소시켜 버렸다. 이것이 그 위원회의 모든 배교자들이 그리스도의 신성을 믿는다고 공언하는 동안 이루어진 일이다.

(그리스도의 근본은 개역한글판처럼 "태초"가 아니라, 태초 이전이다. 만약 그분의 근본이 "태초에"라면, 여호와의 증인들이 주장하는 것처럼 그분은 태초에 창조된 피조물들 중의 하나일 뿐이며, 좀 더 격상시키면 "피조된 하나님"일 뿐이다. - 역자 주)

43. 하박국 3:13 (사례 B)

KJV : Thou wentest forth for the salvation of thy people, *even* for salvation with thine anointed; thou wound-edst the head out of the house of the wicked, by discovering the foundation unto the neck. Selah.

한글킹제임스성경 : 주께서는 주의 백성의 구원을 위하여, 곧 주의 기름부음받은 자와 함께하는 구원을 위하여 나가시어 그 기초를 끝까지 드러내심으로써 악인의 집에서 그 머리에 상처를 입히셨나이다. 셀라.

NIV : You came out to deliver your people, to save your anointed one. You crushed the leader of the land of wickedness, you stripped him from head to foot.

이 구절은 창세기 3:15의 성취로, 하나님께서 사탄의 머리를 부수시는 내용이다(『**그녀의 씨는 너의 머리를 부술 것이요**』). 사도 바울도 로마서 16:20에서 이에 대한 예언을 말한 것인데, 이 역본은 하나님께서 "한 지도자"를 쳐부수어 그의 "머리부터 발끝까지 벗기시는" 것으로 잘못 번역해 놓았다.

〈킹제임스성경〉은 본문 하박국 3:13에서 『**악인의 집에서 그 머리에 상처를 입히셨나이다.**』라고 말씀하고 있다. 그와 관련된 구절이 시편 68:21이다. 그러나 그 전체적인 예언의 주제가 NIV에서는 완전히 가려져 있는 것이다. 그러므로 독자는 NIV를 통해서, 어떤 "전체적으로, 축자적으로 영감받은 원본들"의 "무오하고 틀림없는 권위"를 믿는다는 사람들이 조작해 낸 위조문서를 읽게 되는 것이다.

44. 스카랴 11:17 (사례 B)

KJV : Woe to the idol shepherd that leaveth the flock! the sword *shall be* upon his arm, and upon his right eye: his arm shall be clean dried up, and his right eye shall be utterly darkened.

한글킹제임스성경 : 양떼를 버려 둔 우상 목자에게 화 있으리라! 칼이 그의 팔과 그의 오른눈에 임하리니, 그의 팔은 바싹 마르고 그의 오른눈은 완전히 어둡게 되리라.

NIV : "Woe to the worthless shepherd, who deserts the flock! May the sword strike his arm and his right eye! May his arm be completely withered, his right eye totally blinded!"

개역한글판 : 화 있을찐저 양떼를 버린 못된 목자여 칼이 그 팔에, 우편 눈에 임하리니 그 팔이 아주 마르고 그 우편 눈이 아주 어두우리라

이 비열한 NIV 위원회는 다시금 사탄을 은폐시키기로 결정함으로써, 사람들로 하여금 자기들이 우상들과 연관되어 있다는 사실을 보지 못하게 한다. 즉 "멸망의 아들"이 갑자기 『**우상 목자**[the idol shepherd]』(KJV)에서 "쓸모없는 목자"(the worthless shepherd - NIV)로 변개된 것이다. 그럼에도 불구하고 하나님께서는 그가 목자, 즉 『**우상 목자**』가

될 것이라고 말씀하셨다(계 13:14,15).

또 그들은 세 장도 넘어가지 못하여 같은 책에서 "두 손"(hands)을 "몸"(body)으로 바꾸어 버림으로써 그리스도의 "두 손"에 못이 박힐 것임을 감추어 버린다(슥 13:6). (개역한글판은 이것을 "두 팔"이라고 번역했다. - 역자 주)

45. 말라키 1:3과 이사야 13:21 (사례 E)

KJV : And I hated Esau, and laid his mountains and his heritage waste for the dragons of the wilderness(말 1:3). But wild beasts of the desert shall lie there; and their houses shall be full of doleful creatures; and owls shall dwell there, and satyrs shall dance there(사 13:21).

한글킹제임스성경 : 에서는 미워하였으며, 그의 산들과 그의 기업을 광야의 용들을 위하여 황폐하게 두었느니라(말 1:3). 그 대신 사막의 들짐승들이 거기에 엎드리며, 그들의 집들에는 울부짖는 짐승들로 가득 찰 것이요, 또 올빼미들이 거기에 살며 사티로스가 거기서 춤을 추리라(사 13:21).

NIV : but Esau I have hated, and I have turned his mountains into a wasteland and left his inheritance to the desert jackals."(말 1:3) But desert creatures will lie there, jackals will fill her houses; there the owls will dwell, and there the wild goats will leap about.(사 13:21)

개역한글판 : 에서는 미워하였으며 그의 산들을 황무케 하였고 그의 산업을 광야의 시랑에게 붙였느니라(말 1:3) 오직 들짐승들이 거기 엎드리고 부르짖는 짐승이 그 가옥에 충만하며 타조가 거기 깃들이며 들 양이 거기서 뛸 것이요(사 13:21)

수세기 전에 "최초의 원본"들의 전체적인 영감을 믿었던 "근본주의자"들은 그들이 처리할 수 없는 원본들 가운데서 문제를 발견하면, 요즘에 하고 있는 방법으로 그 문제를 취급하였다. 즉 그들은 그들 자신의 인문주의적인 철학들과 일치하도록 본문을 변경시킨 것이다. 밥 존스 대학과, 테네시 템플 및 침례성서대학의 교수단은 A.D. 200년에도 "생생하게" 살아 있었다. 그들은 마치 지금 사람들이 논쟁하는 것과 똑같이 "신앙 논쟁"에 임했는데, 심지어 그들이 이해할 수 없는 성경 구절은 뜯어고치는 것도 서슴지 않았다. 『**용들**』과 『**사티로스**』에 해당되는 것들을 모든 현대 영어 번역본들이 모든 히브리어 본문들로부터 어떻게 삭제해 버렸는지 주목하라.

그러나 우리는 배교가 1880년 이래로 그리스도의 몸 안에서 어떻게 급속도로 진행되어 왔는가를 보기 위하여 라오디케아 시대의 신약성경 한 권을 선택해야 한다. 분명히 NIV보다 더 좋은 실례는 찾을 수 없을 것이다. 그것은 유세비우스가 콘스탄틴을 위하여 바티칸 사본을 필사한 이래, 보수주의자들과 복음주의자들이 믿어 왔고 때로는 제안하기도 했던 것으로, 어리석고도 불경스런 오류로 가득 찬 작품이다.

46. 마태복음 1:25 (사례 B)

KJV : And knew her not till she had brought forth her firstborn son: and he called his name JESUS.

한글킹제임스성경 : 그녀가 첫아들을 낳기까지 그녀를 알지 아니하였다가 *낳으니* 그가 그의 이름을 **예수**라 하더라.

NIV : But he had no union with her until she gave birth to a son. And he gave him the name Jesus.

개역한글판 : 아들을 낳기까지 동침치 아니하더니 낳으매 이름을 예수라 하니라

마리아는 첫아들을 가진 이후 다시 다른 자녀들을 낳았다. 그러나 이 역본에서는 마리아가 예수 그리스도 말고는 더 이상 자녀를 갖지 않는다. 이 역본은 『**첫아들**[firstborn son]』에서 『**첫**』에 해당하는 "firstborn"을 교묘하게 제거함으로써, 예수님을 낳은 후에 다른 아이들을 낳았다는 함축적 의미는 찾아볼 수 없게 만들었다. 이것은 "마리아의 영원한 처녀성"을 교리로 주장하는 로마카톨릭이 만들어 낸 것인데, 이 역본은

로마카톨릭을 그대로 따르고 있는 것이다. 그러나 그녀는 그 후에 분명히 다른 자녀들을 낳았고, 그들의 이름이 성경에 기록되어 있을 뿐 아니라(막 6:3), 성령께선 그들을 시편 69:8에서 마리아의 "자녀들"(children)이라 부르고 있다. 로마카톨릭은 그들을 친형제들이 아니라 "사촌들"이라고 우겨대나 그 무리 중에 "사촌들"은 없었다.

47. 마태복음 5:22 (사례 E)

KJV : But I say unto you, That whosoever is angry with his brother without a cause shall be in danger of the judgment: and whosoever shall say to his brother, Raca, shall be in danger of the council: but whosoever shall say, Thou fool, shall be in danger of hell fire.

한글킹제임스성경 : 내가 너희에게 말하노니, 까닭없이 자기 형제에게 노하는 자는 누구나 심판의 위험에 처하게 될 것이며, 자기 형제에게 라카라 하는 자는 누구나 공회의 위험에 처하게 될 것이요, 또 어리석은 자라 하는 자는 누구나 지옥불의 위험에 처하게 될 것이라.

NIV : But I tell you that anyone who is angry with his brother will be subject to judgment. Again, anyone who says to his brother, 'Raca,' is answerable to the Sanhedrin. But anyone who says, 'You fool!' will be in danger of the fire of hell.

개역한글판 : 나는 너희에게 이르노니 형제에게 노하는 자마다 심판을 받게 되고 형제를 대하여 라가라 하는 자는 공회에 잡히게 되고 미련한 놈이라 하는 자는 지옥 불에 들어가게 되리라

예수 그리스도는 분명히 지옥불의 위험에 처하시는 분이 아니지만, 이 역본에 따르면 예수 그리스도는 지옥불에 떨어질 위험에 처해 있다. 이 구절에서 "어리석은 자"라고 말하는 자는 지옥불의 위험에 처한다고 되어 있고, 하나님께서는 누가복음 12:20에서 『**너 어리석은 자야**』라고 말하고 계시며, 누가복음 24:25에서는 예수께서 직접 『**오 어리석은 자들아**』라고 말하고 계시므로 그는 지옥불의 위험에 처하고 말았다. 이 배교한 역본은 마태복음 5:22에서 『**까닭없이**[without a cause]』라는 말을 제거해 버림으로 예수 그리스도를 저주해 버린 것이다. 그리고 그들은 바울을 지옥에 보내기 싫어서 고린도전서 15:36에서 『**너 어리석은 자야**』(Thou fool)를 "얼마나 어리석은지!"(How foolish!)라고 바꾸어 버린 것이다. 그러나 그 단어는 헬라어 사본 모든 곳에서 "*ἄφρον*"(아프론)으로 쓰였다. 그들은 이 단어를 올바르게 번역하지 않고 "*Ὦ ἀνόητοι*"(오 아노에토이)에 해당하는 말로 번역하기로 결정했다. 그래서 누가복음 24장에서도 "얼마나 어리석은지"라고 번역한 것이다. 이와 관련하여 NIV의 어떠한 번역도 헬라어 본문과 일치하지 않는다.

48. 마태복음 12:40 (사례 E)

KJV : For as Jonas was three days and three nights in the whale's belly; so shall the Son of man be three days and three nights in the heart of the earth.

한글킹제임스성경 : 요나가 사흘 낮과 사흘 밤을 고래 뱃속에 있었듯이, 인자도 그처럼 사흘 낮과 사흘 밤을 땅의 심장 속에 있을 것이라.

NIV : For as Jonah was three days and three nights in the belly of a huge fish, so the Son of Man will be three days and three nights in the heart of the earth.

개역한글판 : 요나가 밤낮 사흘을 큰 물고기 뱃속에 있었던 것 같이 인자도 밤낮 사흘을 땅속에 있으리라

요나의 "고래"(whale - KJV)는 작살로 잡혀 버렸는지 이 역본은 "거대한 물고기"(huge fish)로 바꾸어 버렸다. 이 물고기는 얼마나 "거대한지" 그 안에 "무덤"을 가지고 있다는 것이다[요나서 2:2에서 이 역본은 『**지옥의 뱃속**』(the belly of hell)을 "무덤의 깊은 곳들"(the depths of the grave)로 바꾸어 번역하였다.] 요나는 NIV에서 지옥으로 가지 않고 (NIV에서는 아무도 지옥으로 가지 않는다.) "무덤"으로 간다. 그러나 성경(KJV)은, 요나의 몸은 『**고래 뱃속**』(마 12:40)에 갔었고, 그의 혼은 『**지옥**』(욘 2:2)에 갔다고 증거하고 있다.

49. 마태복음 13:26 (사례 F)

KJV : But when the blade was sprung up, and brought forth fruit, then appeared the tares also.

한글킹제임스성경 : 싹이 나고 이삭이 패일 때에 독보리들도 나오니라.

NIV : When the wheat sprouted and formed heads, then the weeds also appeared.

개역한글판 : 싹이 나고 결실할 때에 가라지도 보이거늘

이 구절은 NCCC의 RSV를 반복한다. 곡식과 잡초(weeds)가 구별될 수 없기에 예수께서는 그 잡초들을 추수 때까지 놔두라고 하셨는가? 밀과 잡초는 쉽게 구별할 수 있어 곡식을 망치지 않고 잡초를 뽑는 것은 쉬운 일이다. 〈킹제임스성경〉은 "잡초"(weeds)가 아니라 『**독보리**[tares]』라고 되어 있다(독보리는 곡식과 비슷하게 생겨서 구별하기가 힘들다). 그러나 이 역본은 무의미하고 불합리하게도 "독보리"를 이 비유에서 없애 버렸다.

50. 마태복음 23:14 (사례 B)

KJV : Woe unto you, scribes and Pharisees, hypocrites! for

ye devour widows' houses, and for a pretence make long prayer: therefore ye shall receive the greater damnation.

한글킹제임스성경 : 위선자인 서기관들과 바리새인들아, 너희에게 화 있으리라! 이는 너희들이 과부들의 집을 삼키며 남들에게 보이고자 길게 기도하기 때문이라. 그러므로 너희는 더 큰 심판을 받으리라.

NIV : 없음

개역한글판 : 없음

다시금 "기록한 교황"을 은폐시키기 위해서 이 구절은 삭제되었다. 죽은 남편을 연옥에서 나오도록 기도하며 과부들의 집을 삼키는 긴 제의를 입은 "신부들"에 대한 언급이 이 역본에서는 지워져 있다.

51. 마가복음 1:2 (사례 G)

KJV : As it is written in the prophets, Behold, I send my messenger before thy face, which shall prepare thy way before thee.

한글킹제임스성경 : 선지서들에 기록된 바와 같으니 "보라, 내가 네 면전에 나의 사자를 보내리니, 그가 네 앞서 네 길을 예

비하리라.

NIV : It is written in Isaiah the prophet: "I will send my messenger ahead of you, who will prepare your way"

개역한글판 : 선지자 이사야의 글에 보라 내가 내 사자를 네 앞에 보내노니 저가 네 길을 예비하리라

『**선지서들**[prophets]』에 기록되어 있다고 되어 있는 본문을 NIV는 "선지자 이사야"(Isaiah the prophet)에 기록되어 있다고 고쳐 놓았다. 그러나 사실 마가복음 1:2,3은 침례인 요한에 대한 구약의 예언으로, 두 선지자의 글을 인용한 것인데, 2절의 예언은 이사야서에서는 어느 곳에서도 발견되지 않는 내용이다.

오직 3절의 예언만이 이사야서 40장에 기록된 말씀인데, NIV는 2절과 3절을 모두 이사야가 예언했다고 말하고 있는 것이다. 2절의 예언은 말라키 3:1의 예언이다. 지금까지 발견된 어떤 이사야 필사본에도 마가복음 1:2의 인용은 나와 있지 않다.

52. 마가복음 16:9-20 (사례 A)

우리는 NIV에서 마가복음 16장 밑의 각주(p.109)에서 "가장 믿을 만한 초기의 사본들과 다른 고대의 증거들에는 마가복음 16:9-20이 없다."라는 말을 보게 된다. 그들이 참조한 가장 믿을 만한 초기의 사본들이

라는 것은 사탄적인 두 개의 문서들, 즉 바티칸 사본과 시내 사본인데, 그 사본들은 구약 정경의 일부로서 외경들을 담고 있고 또 신약의 외경들도 정경으로 포함하고 있는 사본들이며, 사복음서에서만도 3,000군데 이상이 서로 다른 사본들이다. 그 사본들은 교부들과 초기 역본들과 지상에 알려져 있는 모든 대문자 필사본과 소문자 필사본에 반대되는 내용을 담고 있는 열등한 필사본들인데, 학자들은 이 두 사본들에 근거하여 성령님께서 영감으로 기록하신 마가복음 16:9-20의 말씀을 "의심스러운 말씀"으로 격하시켜 버린 것이다.

이것이 20세기 보수주의자들의 소위 "학문적 태도"이다.

53. 누가복음 2:14 (사례 E)

KJV : Glory to God in the highest, and on earth peace, good will toward men.

한글킹제임스성경 : "지극히 높은 곳에서는 하나님께 영광이요, 땅 위에는 화평이요, 사람들에게는 호의로다."라고 하고

NIV : "Glory to God in the highest, and on earth peace to men on whom his favor rests."

개역한글판 : 지극히 높은 곳에서는 하나님께 영광이요 땅에서는 기뻐하심을 입은 사람들 중에 평화로다 하니라

『**땅 위에는 화평이요, 사람들에게는 호의로다**[on earth peace, good will toward men]』를 NIV는 A.D. 200년의 알렉산드리아의 배교자 오리겐을 따라서 "땅에서는 그의 기뻐하심을 입은 사람들에게 평화로다." (on earth peace to men on whom his favor rests)라고 바꾸어 버렸다. 오리겐은 주격 명사인 "*εὐδοκία*"(유도키아)를 소유격인 "*εὐδοκίας*"(유도키아스)로 변개시킨 자이다. 그는 그리스도가 오신 이래로 땅에는 평화가 없었다는 것을 알았고, 그래서 그는 그 자신과 같은 사람에게만 그 평화가 주어졌으며, 다른 사람들에게는 주어지지 않은 것으로 만들어 놓았다.

이런 의도적인 변개가 NIV에서보다 더 잘 보존된 곳은 없는데, 이런 인본주의적이고 감상적인 고약한 냄새를 피우는 것이 현재 거의 50개의 기독교 대학 및 신학교에 의해 "성경"으로 추천되고 있다.

바티칸 사본과 시내 사본의 필사자들은 콘스탄틴(A.D. 330)에게 바칠 목적으로 그들의 거짓된 성경들을 만들어 내기 위해 카이사랴에 있는 오리겐의 도서관을 빌렸을 때, 그들은 오리겐처럼 후천년주의자들이었기 때문에 그 필사본을 택하였던 것이다. 그들은 "진리의 말씀을 올바로 나눌 수"(딤후 2:15) 없기에 사도행전 7장까지 동시에 발생하는 초림과 재림의 약속들을 이해할 수 없었다. 그래서 그들은 밥 존스 대학의 훌륭하고 경건한 근본주의자들이 할 만한 바로 그 일을 행하였던 것이다. 그들은 그들 자신의 무지와 어울리도록 그 헬라어 본문을 변개시켰고, 그런 후 그들의 무지를 은폐시키기 위하여 또 다른 본문을 변개시켰다.

54. 누가복음 23:42 (사례 A)

KJV : And he said unto Jesus, Lord, remember me when thou comest into thy kingdom.

한글킹제임스성경 : 예수께 말씀드리기를 "주여, 주께서 주의 왕국에 임하실 때 나를 기억하소서."라고 하니

NIV : Then he said, "Jesus, remember me when you come into your kingdom."

개역한글판 : 가로되 예수여 당신의 나라에 임하실 때에 나를 생각하소서 하니

모든 배교자들은 여기에서 그리스도의 신성을 깎아내리기 시작한다. 이 역본에서 그 죽어 가는 도둑(은혜로 구원받게 된)은 십자가 위의 예수 그리스도를 『주[Lord]』라 부르지 않고 단지 "예수"라고 부른다. 로마서 10:13은 『**누구든지 주의 이름을 부르는 자는 구원을 받으리라.**』(KJV)고 말씀하신다. 그러나 예수를 『주』라고 부르기를 꺼려한 자들이 "주"를 "예수"로 바꾸어 버린 것이다. 이것은 예수께서 황소나 염소의 피로는 사해질 수 없었던(히 10:4) 죄들을 없애기 위하여(히 9:15), 죄에 대하여 영원히 값을 지불하고 계신(히 9:14) 바로 그 자리와 그 시간에 주 예수님으로부터 그의 신성을 빼앗는 것이다.

그 강도는 예수 그리스도를 하나님으로서 『주』라고 불렀고 그때 구원받았다. 죄인이 은혜로 구원받는 매 구절마다(행 9:5,6; 8:37; 16:31)

무엇인가가 현대 역본들의 본문들에서 잘못되어져 간다. 그리고 20세기 라오디케아 교회 시대의 그리스도인들은 이 구절들 하나하나가 타격을 입을 때마다 배교로 오염된다. 사도행전 8장에서도 내시가 은혜로 구원받게 되는 장면인 37절이 전부가 삭제되었다. 바울이 구원받게 되는 사도행전 9장에서는 20개의 단어들이 없어지고, 빌립보의 간수가 구원받게 되는 곳에서는 "그리스도"라는 말이 사라진다(행 16장).

은혜에 의한 구원은 아마도 NIV 위원회에게 엄청나게 "충격적인" 그 무엇인가를 던져 주는 것 같다.

55. 누가복음 23:44,45 (사례 E)

KJV : And it was about the sixth hour, and there was a darkness over all the earth until the ninth hour. And the sun was darkened, and the veil of the temple was rent in the midst.

한글킹제임스성경 : 그때가 제육시경이었는데 어두움이 온 땅을 제구시까지 덮더라. 또 해가 어두워지고 성전의 휘장이 한 가운데로 찢어지더라.

NIV : It was now about the sixth hour, and darkness came over the whole land until the ninth hour, for the sun stopped shining. And the curtain of the temple was torn in two.

개역한글판 : 때가 제 육시쯤 되어 해가 빛을 잃고 온 땅에 어두움이 임하여 제 구시까지 계속하며 성소의 휘장이 한가운데가 찢어지더라

이 세상에서 가장 이상한 지옥구덩이(Alexandria)와 발맞추어 NIV는 그리스도께서 죽으셨을 때 "일식"(한 자연적인 현상)이 있었다고 시사함으로써 성경 변개자인 오리겐의 비위를 맞추기 위해 최선을 다하여 노력한다.

오리겐은 〈킹제임스성경〉의 원문(ἐσκοτίσθη, 에스코티스쎄)을 읽으면서, 그것을 ἐκλιπόντος(에크리폰도스)로 변개시킨다. 이 사실이 분명한 것은, 그가 그의 필사본에 두 개의 본문을 모두 다 인용하고 있기 때문이다.

오리겐은 분명 이중적인 권위들을 갖고 있었다. 한 책상에는 〈개역표준역본, RSV〉과 그리고 다른 책상에는 〈킹제임스성경〉을 가지고 있었던 것이다.

NIV는 표준원문(Textus Receptus) 계열과 카톨릭의 알렉산드리아 계열, 둘 모두와 조화되기 위하여 위에 언급한 두 헬라어 어휘의 차이를 무시하고 "해가 비추는 것을 멈추었다"라고 번역해 버렸다. 그러나 그 내용은 어떤 헬라어 본문에서도 발견되지 않는다. 그것은 단순히 판매량을 늘리기 위해서 정치적으로 조작한 것에 불과한 것이다.

56. 요한복음 1:18 (사례 D)

KJV : No man hath seen God at any time; the only begotten Son, which is in the bosom of the Father, he hath declared *him*.

한글킹제임스성경 : 아무도 어느 때나 하나님을 본 사람이 없지만 아버지의 품 안에 계신 독생자, 그가 하나님을 분명히 밝히셨느니라.

NIV : No one has ever seen God, but God the One and Only who is at the Father's side, has made him known.

개역한글판 : 본래 하나님을 본 사람이 없으되 아버지 품속에 있는 독생하신 하나님이 나타내셨느니라

여호와의 증인들이 그리스도는 창조된 하나의 신이라고 말하게 되는 가장 큰 증거는(그들은 A.D. 200-500년까지의 오리겐 시대에서 "아리안파"라 불린다.) 밥 존스 대학의 〈새미국표준역본, NASV〉을 추천했던 20세기 배교자들이 만든 이 이상한 발명품에서 나타난다. 이 발명품에는 "하나님을 본 사람은 아무도 없으나, 아버지의 곁에 계신 유일하신 하나님뿐이라."라고 말하여 두 "하나님"이 발견된다. 하나는 원래 있었던 하나님이고, 또 하나는 피조된 하나님이라는 것이다. 이로써 그들은 성경의 절대적인 권위에 대해서 변증하지도 않고 여호와의 증인들에게 그리스도의 절대적인 신성을 제거할 수 있도록 해주는 최고의 본문을

제공한 것이다. 심지어 교회협의회(NCCC)의 RSV와 NRSV조차도 이런 짓은 하지 못했다. 그런데 NIV는 배교자들이 이제까지 혼합시켰던 모든 불순물이 완전히 축적된 최종적인 작품이기에 감히 이러한 일을 자행한 것이다.

성경(KJV)은 『하나님**을 본 사람이 없지만** 아버지**의 품 안에 계신** 독생자, **그가 하나님을 분명히 밝히셨느니라.**』고 말씀하기 때문에, 우리는 한 분 하나님(Godhead) 안에 또 하나의 인격체(person), 즉 아들 하나님이 계시다는 것을 알 수 있다.

그러나 NIV는 "아버지의 곁에 계신 유일하신 하나님뿐이라."고 말하여 또 하나의 하나님을 만들고 말았다. A.D. 90년으로부터 A.D. 1990년까지 어떤 배교자도 이보다 더한 일을 하지는 않았다. 배교자 마르시온과 줄리안마저도 NIV가 "성경"이라고 믿는 학자들을 건드릴 수 없을 것이다.

(개역한글판은 한 걸음 더 나아가서 『**독생자**[the only begotten Son]』를 "독생하신 하나님"(begotten God)이라고 번역해 놓아, 예수 그리스도가 피조된 하나님이라는 여호와의 증인들의 교리를 더 확실히 해주었다. - 역자 주)

57. 요한복음 3:13 (사례 D)

KJV : And no man hath ascended up to heaven, but he that

came down from heaven, *even* the Son of man which is in heaven.

한글킹제임스성경 : 하늘에서 내려온 이, 곧 하늘에 있는 인자 외에는 아무도 하늘에 올라간 자가 없느니라.

NIV : No one has ever gone into heaven except the one who came from heaven - the son of Man.

개역한글판 : 하늘에서 내려온 자 곧 인자 외에는 하늘에 올라간 자가 없느니라

NIV 번역위원회는 예수 그리스도께서 인간으로 출생하신 하나님이시라는 사실을 모르고 있음이 분명하다. 그들은 예수 그리스도가 "하나님"과는 다르게 한 번에 한 장소 이상에 계실 수 없다고 판단했는지 『**하늘에 있는** 인자 **외에는**[the Son of man which is in heaven]』에서 『**하늘에 있는**』을 없애 버렸다. 그러나 이 구절은 예수님께서 니코데모에게 주님 자신의 무소부재성을 말씀하시면서 사용하신 구절이다. 그런데 이 역본의 번역자들은 예수 그리스도의 무소부재성을 이해할 수 없으므로, 니코데모에게 말씀하실 당시 땅에 계셨던 예수님께서 어떻게 동시에 "하늘에" 계실 수 있는지를 믿을 수 없어 『**하늘에 있는**』(현재형)이라는 말씀을 지워 버린 것이다.

이처럼 무디 성경 신학원과 풀러 신학교와 밥 존스 대학과 퍼시픽 코스트, 덴버, 달라스 신학교의 교수진들은 2세기의 한 배교자가 했던 바로 그 일을 하는 것이다. 이 일에 있어서 1990년의 배교자들은 그들의

선배 교수인 오리겐을 능가한다.

이러한 변개는 시내 사본과 바티칸 사본과 파피루스 66(P66)을 따라서 이루어졌다.

58. 요한복음 8:43,47 (사례 A)

KJV : Why do ye not understand my speech? *even* because ye cannot hear my word(43절). He that is of God heareth God's words: ye therefore hear *them* not, because ye are not of God(47절).

한글킹제임스성경 : 어찌하여 너희는 내 말을 깨닫지 못하느냐? 이는 너희가 나의 말을 들을 수 없기 때문이라(43절). 하나님께로부터 나온 사람은 하나님의 말씀들을 듣느니라. 너희는 하나님의 말씀들을 듣지 아니하나니, 이는 너희가 하나님으로부터 나오지 않음이라."고 하시니라(47절).

NIV : Why is my language not clear to you? Because you are unable to hear what I say(43절). He who belongs to God hears what God says. The reason you do not hear is that you do not belong to God(47절).

그들은 하나님의 "말씀"이 나타나는 곳이면 습관적으로 어떤 조치를 취한다. 이 구절에서는 『하나님**께로부터 나온 사람은** 하나님**의 말씀들** [words]**을 듣느니라.**』를 "하나님께 속한 사람은 하나님이 말씀하시는 것(what God says)을 듣나니"라고 고쳐 놓았다. 그들은 자기들이 파괴하고 있는 말씀이 살아 있고, 자기들을 심판하리라는 것을(히 4:12,13) 잊은 것이다.

"말씀들"(words)이 이 두 구절들에서 사라졌다. "말씀"은 "성경"과 아무런 관계도 없는 것인가? 이 두 구절들에서 "말씀"을 없애 버린 그 사람들은 하나님의 말씀들을 이해할 수 없었고, 또한 하나님의 말씀을 들으려고 하지도 않는다. 왜냐하면 그들은 이 말씀들이 1900년 전에 사라졌다고 주장하기 때문이다. 그들의 전 삶과 사역들은 처음부터 끝까지 속임수들이었다. 세계에 있는 어떤 역사책으로부터도 그리스도의 몸 안에서 일어나는 이러한 배교의 모습은 찾아볼 수 없을 것이다.

59. 요한복음 10:6 (사례 E)

KJV : This parable spake Jesus unto them: but they understood not what things they were which he spake unto them.

한글킹제임스성경 : 예수께서 이런 비유로 그들에게 말씀하시더라. 그러나 그들은 주께서 자기들에게 말씀하신 것이 무엇인지 깨닫지 못하니라.

NIV : Jesus used this figure of speech, but they did not understand what he was telling them.

저자의 "특징적인 문체"를 따르기 위해서는 『**비유**[parable]』(KJV)가 아니라 "이러한 형식으로 말씀하시고"(this figure of speech - NIV)로 바뀌어야 했다. 그러나 이것을 번역한 사람들은 요한복음 9:35에서는 거꾸로 저자의 "특징적인 문체"를 무시하고 "원문 비평의 과학적인 원리"를 내세워 『하나님**의** 아들[the Son of God]』(KJV)을 "인자"(the Son of Man - NIV)로 바꿔 버렸다("하나님의 아들"이 바티칸 사본과 시내 사본 및 몇 개의 유사한 변개된 사본에서 없어져 있기 때문이다).

또 이들은 그리스도의 문자 그대로의 분명한 부활을 증거하고 있는 구절인 사도행전 1:3에서는 그들의 "과학적인 비평"을 따라서 『**많은 무오한 증거들**[many infallible proofs]』(KJV)을 "여러 가지 납득할 만한 증거들"(many convincing proofs - NIV)로 변개시키고는, 사도행전 4:27에 이르러서는 그리스바흐의 "비평원리"를 내버리고 "저자의 특징적인 문체"를 따라서 예수 그리스도를 『**거룩하신 아들** 예수[holy child Jesus]』(KJV)에서 "거룩한 종 예수"(holy servant Jesus - NIV)로 변개시켰다.

그러나 이것은 누가복음과 사도행전을 기록한 동일한 저자의 문체를 따랐다 해도 틀린 번역이다. 사도행전 4:27에서 "child"로 기록한 누가는 누가복음 2:34,40,43에서도 "child"라고 기록했기 때문이다. 오히려 NIV에 따르면 누가는 사도행전 4:27,30에서 갑자기 그의 문체를 잃어

버리고 "종"으로 기록하게 되는 결과를 가져오는 것이다.

이것이 배교한 NKJV와, 배교한 NASV와, 배교한 RSV와, 배교한 RV와, 배교한 NRSV이다.

60. 사도행전 17:26 (사례 E)

KJV : And hath made of one blood all nations of men for to dwell on all the face of the earth, and hath determined the times before appointed, and the bounds of their habitation;

한글킹제임스성경 : 또 하나님께서는 인류의 모든 족속을 한 피로 만드시어 온 지면에 살게 하시고 미리 계획하신 시기와 그들이 거주하는 경계를 정하셨으니

NIV : From one man he made every nation of men, that they should inhabit the whole earth; and he determined the times sit for them and the exact places where they should live.

개역한글판 : 인류의 모든 족속을 한 혈통으로 만드사 온 땅에 거하게 하시고 저희의 년대를 정하시며 거주의 경계를 한하셨으니

전미흑인향상협회(NAACP)에서의 인종차별주의자들처럼 철저하게 인종 혼합자들이 되어 버린 NIV의 번역자들은 『**하나님께서는 인류의 모든 족속을 한 피로 만드시어 온 지면에 살게 하시고**』(KJV)에서 『**피**[blood]』를 제거하고 "사람"(man)을 집어넣는다. 지상의 어떤 헬라어 필사본에도 이 구절에 "사람"이라는 말은 없다. 이 말은 분명히 중성어 "ἑνός"(에노스)이며, "사람"(man)으로 번역하기에는 적합하지 않은 말이다. 또 이 구절의 후반부는 인종 통합주의를 촉진시키려하는 이 배교적인 오류를 범한 자들에게 바울이 말한 것인데(『**미리 계획하신 시기와 그들이 거주하는 경계를 정하셨으니**』 - KJV), 사실상 이 부분은 그 배교자들에 의해 제시된 주제(인종통합주의)와 매우 모순되므로, 1950년의 「The Town Hall of the Air」라는 공개토론회에서 4명의 연사들은 그 구절의 상반부는 인용했어도 그 구절 전체는 인용할 수 없었다. (〈Segregation or Integration〉, Bible Baptist Bookstore, 1970을 보라.)

61. 로마서 1:18 (사례 F)

KJV : For the wrath of God is revealed from heaven against all ungodliness and unrighteousness of men, <u>who hold the truth in unrighteousness</u>;

한글킹제임스성경 : 하나님의 진노가 <u>불의 가운데서 진리를 붙잡는 사람들</u>의 모든 불경건과 불의에 대하여 하늘로부터 계

시되거니와

NIV : The wrath of God is being revealed from heaven against all the godlessness and wickedness of men who suppress the truth by their wickedness,

개역한글판 : 하나님의 진노가 불의로 진리를 막는 사람들의 모든 경건치 않음과 불의에 대하여 하늘로 좇아 나타나나니

성경 66권 중 어디에서도 여기에서보다 성경에 대한 배교의 악의적인 왜곡이 더 명백하게 나타난 곳은 없다. 이 로마서 1장에는 배교자들의 모든 것이 나타나는데, 교수들과 진화론자들과 동성연애자들과 완고하고 거만한 자들과, 특히 하나님을 알았던 그 죄인들(21절)은 단지 하나님께서 "진리로써" 계시하셨다는 것을 좋아하지 않았다. 여기에서 NKJV(도널드 웨이트와 더불어)는 홀트에 의해 RV에서, 샤프에 의해 ASV에서, 웨이글에 의해 RSV에서, 밥 존스 대학에 의해 NASV에서 사용되었던 그 동일한 악한 계획들로 성경 본문을 공격한다. 18절은 『**불의 가운데서 진리를 붙잡는 사람들의**[who hold the truth in unrighteousness]』가 "불의로 진리를 막는 사람들의"(who suppress the truth by their wickedness)로 변개되어 있다. 그래서 하나님께서는 진리를 붙들되 배교자들처럼 불의 가운데서 붙들고 있는 사람들에게 진노하심에도 불구하고, 이 역본에 의하면 당신은 단지 "진리를 막지만" 않으면 배교자가 되지 않는 것이다. 또 28절에서는 "하나님에 대한 지식을 잊어버리고 타락한 마음으로"(NIV) 가버리지만 않는다면 배교자가 되지 않는

다. 그러나 성경(KJV)은 이렇게 말하고 있다. 『**뿐만 아니라 그들은 자기들의 지식 가운데** 하나님 **두기를 싫어하니**』. 이 배교자들은 하나님의 말씀을 파괴하기로 결정했을 때 이미 그들의 지식과 생각 속에 하나님 두기를 싫어한 것이기 때문에, 그들은 "저자의 진정한 의도를 전달하기 위한 의역"이라는 미명하에 이러한 변개를 시도한 것이다. 하나님은 인간의 지식을 위하여 떨어져 나가게 되었다. 그러나 결국 고린도전서 1:21에 따르면 이것은 모든 교육받은 사람들이 지옥에 가게 되는 방법인 것이다. 하나님은 복음 전파의 어리석음으로써 사람들을 구원하셨다.

이것은 놀랄 일이 아니다. "신앙에 관한 중요하고 근본적인 교리를 없애지 않고" 그들은 계속해서 구절마다 변개를 시도했다. 이것은 19세기부터 축적된 학문적인 쓰레기 더미로서, "구령자가 사람들을 그리스도께로 인도할 수만 있으면 된다."라는 미명하에 기타 수많은 구절들을 제멋대로 변개시켜 버린 "걸작"인 것이다.

우리는 이제 겨우 신약성경의 중간쯤에 와 있다. 요셉은 그리스도의 "아버지"(눅 2:33)이며, 그리스도는 무소부재하지 않은(요 3:13) 피조된 하나님(요 1:18)이며, 또한 그의 부활의 증거들은 "무오한"(infallible) 것이 아니라 단지 "납득할 만한"(convincing) 것이기 때문에 그는 하나님의 "아들"이 아니다(행 4:27). 이 모든 번역자들은 NKJV 위원회의 모든 번역자들처럼 커티스 헛슨(Curtis Hutson)과 밥 존스 3세(Bob Jones III)가 "하나님의 무오하고 틀림없는 말씀"에 대해 믿는다고 하는 그 방식 그대로 정확하게 믿은 것이다.

만일 독자가 하나님의 말씀을 그들이 믿는 것처럼 믿으려면 다음과 같이 하라. 즉 이교도적인 "그림들"(pictures)을 간직하라(민 33:52). 구원을 받기 위해서는 『주』(Lord)라고 말하지 말라(눅 23:42). 하나님의 진리를 거짓으로 바꾸고(롬 1:25), 진리를 막지만 말고, 하나님에 대한 지식을 제거하지만 말고(롬 1:18,28), 당신이 원하는 만큼 당신의 지식에서 하나님을 내쫓으라. 마가복음에서는 마지막 열 두 구절을 제거하고(막 16:9-20), 이사야를 거짓말쟁이로 만들라(막 1:2). 비유들을 제거하고(요 10:6), 마귀를 악어라고 제시하며(욥 41:1), 적그리스도를 은폐하라(슥 11:17, 단 11:21). 신격의 한 구성원으로서의 예수 그리스도의 영원성을 제거하고(미 5:2), 구약의 구원에 대한 교리적인 진리들을 감추며(출 34:7), 사람들에게 최종적인 권위로서 "원어들"을 사용함으로써 성경에 대한 "더 나은 이해"를 돕고 있다고 주장하라.

이것이 우리가 처한 20세기 말의 상황이다. 이제까지 살았던 가장 위선적인 바리새인은(마 23장) 거룩한 성자였다는 것을 기억하라.

62. 로마서 3:25 (사례 E)

KJV : Whom God hath set forth *to be* a propitiation through faith in his blood, to declare his righteousness <u>for the remission of sins that are past</u>, through the forbearance of God;

한글킹제임스성경 : 하나님께서는 그의 피를 믿는 믿음을 통하여

그를 화목제물로 세우셨으니 이는 하나님의 오래 참으심 가운데서 <u>이전에 지은 죄들을 사하심으로 인하여</u> 그의 의를 선포하려 하심이요,

NIV : God presented him as a sacrifice of atonement, through faith in his blood. He did this to demonstrate his justice, because in his forbearance he <u>had left the sins committed beforehand unpunished</u>-

그들은 자기들의 이론(구약성경의 백성들도 십자가를 바라봄으로써 구원을 받았다는 것)과 어울리게 하기 위하여 출애굽기 34:7을 "그분은 죄악을 처벌되지 않은 채 남겨두지 않으신다."(he does not leave the guilty unpunished)라고 왜곡시켰으며(13번 참조), 이제는 출애굽기 34장의 죄들을 취급하면서 여기 로마서 3:25에서 "그는 오래 참으사 전에 범하여진 죄들을 처벌하지 않은 채로 두었다"고 말한다.

어느 책에서도 이보다 더 큰 모순을 발견할 수 없다. 로마서 3:23에는 어떤 사람의 죄들을 처벌하거나 혹은 처벌하지 않은 것에 대해 아무런 언급이 없다. 그 구절은 예수 그리스도의 그 완성된 보혈의 속죄와 관계된 구절인데, 그것은 "첫 언약 때에 범죄한 것들을 구속"(24절을 보라)하는 것이었다(히 9:15).

말하자면 하나님께서는 카인과 아벨과 아브라함과 이삭과 요시아와 엘리아와 엘리사를 처벌하시는 것을 "오래 참지"(forebear) 않으셨다. 그때에 그분의 『**오래 참으심**[forbearance]』(KJV)은 그들을 "구속"(redemption)하는 것이 아니라 단지 죄들을 사하시는(간과하시는) 것이었다(히 9:15).

다시 말해 "축자적이며 전체적인 영감"을 믿었던 이 어리석은 사람들은 실제로는 히브리어와 헬라어, 또는 영어를 이해할 수 없었던 것이다. 더욱이 그들은 자기들이 뒤죽박죽으로 망쳐 놓은 자기들의 번역본들도 읽을 수 없게 되었다(13번 참조).

63. 로마서 8:1,28 (사례 G)

KJV : There is therefore now no condemnation to them which are in Christ Jesus, who walk not after the flesh, but after the Spirit(1절). And we know that all things work together for good to them that love God, to them who are the called according to *his* purpose(28절).

한글킹제임스성경 : 그러므로 이제 그리스도 예수 안에 있는 자들에게는 결코 정죄함이 없나니, 그들은 육신을 따라 행하지 아니하고 성령을 따라 행하느니라(1절). 우리가 알거니와 하나님을 사랑하는 자들, 곧 그분의 목적에 따라 부르심을 받은 자들에게는 모든 일이 합력하여 선을 이루느니라(28절).

NIV : Therefore, there is now no condemnation for those who are in Christ Jesus,(1절). And we know that in all things

God works for the good of those who love him, who have been called according to his purpose(28절).

개역한글판 : 그러므로 이제 그리스도 예수 안에 있는 자에게는 결코 정죄함이 없나니(1절) 우리가 알거니와 하나님을 사랑하는 자 곧 그 뜻대로 부르심을 입은 자들에게는 모든 것이 합력하여 선을 이루느니라(28절)

보는 것처럼 1절의 절반이 없어져 버렸다. 배교자들은 13절을 보지 못한 것이다.

그리고 그리스도인들이 삶에서 모든 환경들을 당당하게 지배한다는 의미의 28절은(『...**자들에게는 모든 일이 합력하여 선을 이루느니라.**』) 신약성경에서 성도들에 대한 가장 귀중한 약속인데, 이 역본에서는 "하나님께서 그분을 사랑하는 사람들의 선을 위해서 일하신다."(God works for the good of those who love him.)라는 빈약한 진술로 역전되어 있다. 이것은 또한 NCCC의 RSV의 본문이기도 하다. 그러나 나는 내 생애에서 하나님께서 "선을 위해서 일하시는가"를 염려하는 그리스도인을 결코 만나 보지 못하였다. 지상에 있는 하나님의 모든 자녀를 괴롭히는 것은 "과연 나에게 일어나는 모든 것이 합력하여 선을 이룰 수 있느냐"이다. 지각이 없는 사람 외에 누가 "선을 위해 일하시는 하나님"에 대하여 염려하겠는가? NIV의 로마서 8:28에서는 성도들에 대한 약속을 찾아볼 수 없다.

64. 로마서 13:9 (사례 G)

KJV : For this, Thou shalt not commit adultery, Thou shalt not kill, Thou shalt not steal, Thou shalt not bear false witness, Thou shalt not covet; and if *there be* any other commandment, it is briefly comprehended in this saying, namely, Thou shalt love thy neighbour as thyself.

한글킹제임스성경 : 이는 이것, 즉 "너는 간음하지 말지니라, 너는 살인하지 말지니라, 너는 도둑질하지 말지니라, 너는 거짓 증거하지 말지니라, 너는 탐내지 말지니라." 한 것과 그 외에 다른 계명이 있을지라도 이 말씀으로 모두 요약될 수 있음이니, 즉 "너는 네 이웃을 네 자신과 같이 사랑하라."는 것이라.

NIV : The commandments, "Do not commit adultery," "Do not murder," "Do not steal," "Do not covet," and whatever other commandment there may be, are summed up in this one rule: "Love your neighbor as yourself."

개역한글판 : 간음하지 말라, 살인하지 말라, 도적질 하지 말라, 탐내지 말라 한 것과 그 외에 다른 계명이 있을지라도 네 이웃을 네 자신과 같이 사랑하라 하신 그 말씀 가운데 다 들었느니라

NIV에는 『**너는 거짓 증거하지 말지니라.**』는 부분이 삭제되어 있다. 만일 그렇다면 당신이 간음이나 살인이나 도둑질을 하지 않고, 또 탐내지만 않는다면, 당신이 거짓된 증언을 하는 것은 잘못된 일이 아니다. 그 명령은 바티칸 사본에서 지워져 있다. 마찬가지로 바티칸 사본과 시내 사본을 따르는 모든 후천년주의자와 무천년주의자들을 따라 로마서 14:10에서 『**그리스도의 심판석**[judgment seat of Christ]』이 "하나님의 심판석"(God's judgment seat)으로 바뀌어져 있다.

65. 고린도전서 1:22 (사례 B)

KJV : For the Jews require a sign, and the Greeks seek after wisdom:

한글킹제임스성경 : 유대인들은 표적을 구하고 헬라인들은 지혜를 찾지만

NIV : Jews demand miraculous signs and Greeks look for wisdom,

유대인들은 표적을 구하는 사람들이다. 그러나 이 부패한 역본에 따르면, 그 비이성적인 유대인들은 "표적을 구하지" 않는다. 표적(sign)은 이스라엘의 역사와 밀접한 관련을 가지고 있기에, 이 구절은 교리적으로 매우 중요한 부분이다.

이스라엘 민족은 표적으로 시작되는 민족이며(출 3-15장), 그 표적은 계시록 11장에서 끝난다. 하나님께서는 민족적인 이스라엘을 이끄시는 목적 이외에는 어떠한 방식으로도 표적을 사용하지 않으셨다. 예수님께서 그들의 메시아로 오셨을 때에도 한 표적으로 오셨고(사 7:14), 그분은 지상 생애 동안 왕국의 복음을 전하시며 계속해서 표적을 보이셨다. 또 예수께선 자신의 죽음과 부활에 대해서 유대인들에게 설명하실 때에도 요나의 표적을 말씀하셨다(마 12:38-41). 표적은 하나님께서 그분의 백성 이스라엘을 인도하시는 방법이며, 그래서 유대인들이 표적을 구한다는 이 구절은 하나의 교리적인 선언이 되는 것이다. 그러나 이 배교자들은 고린도전서 1:22에서 유대인들이 『**표적**』을 구하는 것이 아니라 "기적적인 표적들을 구한다"(demand miraculous signs)라고 말한다. 하지만 유대인들은 단지 기적적인 일들만을 요구하지 않는다. 이러한 변개는 또한 마가복음 8:12에서도 나타난다.

66. 고린도전서 10:4 (사례 G)

KJV : And did all drink the same spiritual drink: for they drank of that spiritual Rock that followed them: and that Rock was Christ.

한글킹제임스성경 : 모두 같은 영적 음료를 마셨다는 것이라. 이는 그들이 그들을 따랐던 그 영적 반석에서 나온 것을 마셨

음이요. 그 반석은 그리스도셨음이라.

NIV : and drank the same spiritual drink; for they drank from the spiritual rock that accompanied them, and that rock was Christ.

개역한글판 : 다 같은 신령한 음료를 마셨으니 이는 저희를 따르는 신령한 반석으로부터 마셨으매 그 반석은 곧 그리스도시라

이 부분에서 NIV는 비잔틴 계열의 필사본들뿐 아니라 서방 및 카이사랴, 심지어 알렉산드리아 계열의 모든 필사본까지도 던져 버리면서, "ἀκολουθούσης"(아콜루쑤세스)를 없애 버렸나. 그래서 『**그들을 따랐던 그 영적** 반석**에서 나온 것을 마셨음이요**[spiritual Rock that followed them]』를 "그들과 동행했던 영적 반석"(the spiritual rock that accompanied them)으로 바꿔 버렸는데, 이 구절은 예수께서 구약 이후에 오신다는 "연대기적 강림"(chronological coming)에 대한 언급이 나타난 구절이다. 그런데 그들은 그리스도께서 이스라엘과 "동행하였다"(accompanied)라고 하였다.

그러나 어떤 헬라어 원문에서도 이들의 본문을 조금이라도 닮은 헬라어 단어는 없다. 그들은 이 단어(accompanied)를 집어넣음으로써 그 구절의 의미를 내넌시고 말았다. 이들의 전형적인 변개, 그것은 최종적이고도 완전한 형태의 배교이다.

67. 고린도전서 15:29 (사례 E)

KJV : Else what shall they do which are baptized for the dead, if the dead rise not at all? why are they then baptized for the dead?

한글킹제임스성경 : 만일 죽은 자들이 도무지 살아나지 못한다면 죽은 자들을 인하여 침례를 받는 사람들은 무슨 일을 하겠느냐? 어찌하여 그들이 죽은 자들을 인하여 침례를 받겠느냐?

NIV : Now if there is no resurrection, what will those do who are baptized for the dead? If the dead are not raised at all, why are people baptized for them?

개역한글판 : 만일 죽은 자들이 도무지 다시 살지 못하면 죽은 자들을 위하여 세례 받는 자들이 무엇을 하겠느냐 어찌하여 저희를 위하여 세례를 받느뇨

솔트 레이크 시(Salt Lake City)에 있는 몰몬교도들을 돕기 위한 것인지, 『**죽은 자들을 인하여**[for the dead] **침례를 받겠느냐?**』(KJV)라는 본문에서 『**죽은 자들**[the dead]』이라는 단어가 없어지고, 대신 "그들을 위하여"(for them)라는 단어가 첨가되었다. 이것은 단순히 『**죽은 자들**』을 대명사로 받은 "그들"의 차원이 아니다. 단어가 "그들"로 대체됨으로써 사람들은 그들을 "앞서 죽은 사람들"(개인들)을 의미한다고 생각하게

되었다. 그래서 이 구절을 "앞서 죽은 사람들(개인들)을 대신해서 침례를 받아야 한다."고 해석하기에 이르렀다.

그러나 고린도전서 15장 전체에서 "죽은 자들"(the dead)이 발견되는 곳에서는 어디서든지 이 단어는 "죽은 특정한 개인"을 언급하는 것이 아니라 아담 이래로 죽은(구원받았든지 못 받았든지 간에) 모든 남녀노소를 언급하는 것이다(12,16,21,35,42,52절). 12절에 보면 그리스도께서 『**죽은 자들**[the dead]』로부터 살아나셨다고 하는데 그리스도께서 구원받은 그리스도인들로부터만 살아나신 것은 결코 아니다. 그분은 지옥을 통과하셨고(행 2:27,31) 지옥과 사망의 열쇠들을 갖고 계셨다(계 1:18).

29절의 『**죽은 자들을 인하여 침례를 받는 사람들**』이란 물속으로 침례받은 모든 사람을 가리키는 말이다. 왜냐하면 물속으로 장사지낸 것은(시 42:7; 88:7, 마 3:16, 벧후 3:5,6) 하나님의 진노에 의해 "죽은 자들을" 장사지내는 것을 상징하고 있기 때문이다. 물침례는 죽음과, 죽은 자들과 더불어 장사지냄과, 또 "죽은 자들로부터"(from the dead) 부활하는 것에 대한 하나의 모형이다. 그래서 로마서 6:3은 이렇게 말씀하신다. 『예수 그리스도 **안으로 침례받은 우리가 그의 죽으심 안으로 침례받은 것을 알지 못하느냐?**』(cf. 벧전 3:20,21)

결국 물속으로 침례받은 모든 성도는 『**죽은 자들을 인하여**』 침례를 받은 것이다. 왜냐하면 그의 물침례는 그가 장사지내졌음을 보여 주며(롬 6:1-3), 그가 물속에서 나오는 것은 그가 언젠가는 죽은 자들로부터 부활할 것임(롬 6:1-6)을 보여 주고 있기 때문이다. 이에 바울은 『**만일 죽은 자들이 도무지 살아나지 못한다면**』 도대체 무엇 하려고 침례를 받느냐고 묻고 있는 것이다. 부활이 없다면 침례받은 사람들은 물속에 그대로 놔두어야만 하지 않느냐고 반문하는 것이다.

이들이 하는 것을 야구에 비교한다면, 마치 던질 때마다 파울 볼을 던진 것과 똑같다. 한 이닝도 제대로 들어간 볼이 없는 것이다.

웃지 못할 일은, 배교의 바로 앞 단계에서(1960-1990), 미국의 기독교 교육의 배교적인 지도자들[밥 존스 대학교(Bob Jones University), 침례 성서 대학(Baptist Bible College), 테네시 템플(Tennessee Temple), 주의 칼 재단(The Sword of the Lord Foundation), 무디 성경 신학원(Moody Bible Institute), 휘튼(Wheaton), 풀러 신학교(Fuller Seminary), 달라스(Dallas)와 덴버 신학교(Denver Theological Seminary)]은 그들이 성경(KJV)에서 젊은 사람들의 신앙을 파괴하기를 계속하던 때, 그들의 수입과 그들의 이미지를 보호하기 위하여 "웃기는 일"을 채택하였다. 그들은 자기들의 근본주의적인 "변덕"을 소위 "럭크만주의"라고 비판하면서도 행하는데, 누군가가 영어(KJV)를 가지고 헬라어를 고친다고 한다면 그들은 "럭크만주의"라고 매도하곤 한다. 그러나 그들은 이 일을 "이단적 이론"이라고 말하면서도 자신들은 이 일을 행하는 것이다. 예를 들면 그들은 고린도전서 2:16에서, 어떠한 "헬라어" 사본에서도 "마음"(mind, *νοῦν*) 앞에 관사가 붙은 것이 없다는 것을 알면서도, 〈킹제임스성경〉의 본문(THE mind)을 그대로 사용하였다. 또 마태복음 28:1에서도 〈킹제임스성경〉의 본문을 그대로 사용했는데, 이 구절에서 "안식일"(sabbath)이라고 기록된 필사본은 지구상에 하나도 없음을 그들은 알고 있었다. 모든 헬라어 필사본들은 단수가 아니라 복수(*σαββάτων*, 싸바톤)로 되어 있다. 그들은 스스로 이렇게 행하면서 소위 "럭크만주의"를 "이단적 이론"이라고 선포한 것이다! 이것은 배교의 종말이 비합리적이고 광적이라는 것을 우리에게 보여 준다.

68. 고린도전서 7:2 (사례 G)

KJV : Nevertheless, *to avoid* <u>fornication</u>, let every man have his own wife, and let every woman have her own husband.

한글킹제임스성경 : <u>음행</u>하지 않기 위해 남자마다 자기 아내를 두고 여자마다 자기의 남편을 둘지니라.

NIV : But since there is so much <u>immorality</u>, each man should have his own wife, and each woman her own husband.

〈킹제임스성경〉을 공격할 때, 모든 "인정받는" 학자들에 의해 사용된 학문적인 격언을 받아들이면서, 그들은 "번역은 일관성이 있어야 한다." 라고 말한다.

예를 들어, *πάσκα*(파스카)는 "유월절" 이외에는 어떤 다른 말로도 번역되어서는 안 되며(행 12:4), 또 *ἱεροσύλους*(히에로술루스)는 "성전들" 이외에는 어떤 다른 번역도 용납되지 않는다는 것이다(행 19:37). 그러나 여기 고린도전서 7:2에 이르러서는 *πορνεία*(포르네이아, fornication, 음행 - KJV)를 "비도덕성"(immorality)으로 번역해 버렸다. 또 그 단어는 요한계시록 18:3에서 『**음행**』(adultery)으로 변한다. 이러한 비일관성은 마태복음 5:32에서도 유감없이 발휘되어져 "결혼 생활의 불성실성"(marital unfaithfulness)으로 변했고, 요한복음 8:41에서는 "사생아"(illegitimate children)가 되었다. 이것이 그들이 말하는 소위 "일관된 번역"이다.

69. 갈라디아서 3:1 (사례 A)

KJV : O foolish Galatians, who hath bewitched you, that ye should not obey the truth, before whose eyes Jesus Christ hath been evidently set forth, crucified among you?

한글킹제임스성경 : 오 어리석은 갈라디아 사람들아, 예수 그리스도께서 너희 가운데서 십자가에 못박히신 채로 너희의 눈앞에 분명히 제시되었는데 너희가 진리에 순종하지 못하도록 누가 너희를 미혹하더냐?

NIV : You foolish Galatians! Who has bewitched you? Before your very eyes Jesus Christ was clearly portrayed as crucified.

개역한글판 : 어리석도다 갈라디아 사람들아 예수 그리스도께서 십자가에 못 박히신 것이 너희 눈앞에 밝히 보이거늘 누가 너희를 꾀더냐

바울이 갈라디아 사람들에게 『**너희가 진리에 순종하지 못하도록 누가 너희를 미혹하더냐?**』라고 한 말에서 『**너희가 진리에 순종하지 못하도록**[that ye should not obey the truth]』이 삭제되어 있다. 시내 사본과 바티칸 사본이 그 말을 없애 버렸기 때문에 사람들은 "진리"에 불순종하는 위험에 처해 있지 않은 것이다. NIV가 "진리에 순종"한다면 왜 이 부분을 삭제시켰을까? 그들은 진리를 바꾸었고(롬 1:25), 진리를 불의 가운데 가두어 두었으며(롬 1:18), 진리를 듣지 않는다(요 8:43,47). 또한 진리가 그들에게 주어졌을 때 그들은 그것이 보존되어 있지 않았기 때문에(시 12:7을 보라.) 진리를 가지지 못했다고 주장한다.

70. 에베소서 1:6 (사례 G)

KJV : To the praise of the glory of his grace, wherein he hath made us accepted in the beloved.

한글킹제임스성경 : 이는 하나님께서 그 사랑하시는 이 안에서 우리를 받아들이신 그의 은혜의 영광을 찬양케 하려 하심이니라.

NIV : to the praise of his glorious grace, which he has freely given us in the One he loves.

개역한글판 : 이는 그의 사랑하시는 자 안에서 우리에게 거저 주시는바 그의 은혜의 영광을 찬미하게 하려는 것이라

진리에 불순종하므로, NIV의 번역자들은 그들이 더 이상 "그 사랑하시는 이 안에서 받아들여지지"(accepted in the beloved) 않는다고 결정한다. 네 개의 단어 모두가 그들의 "성경"에서 사라져 있다.

71. 에베소서 4:9 (사례 E)

KJV : Now that he ascended, what is it but that he also descended first into the lower parts of the earth?

한글킹제임스성경 : 따라서 그가 올라가셨다는 것은 그가 땅의 더 낮은 부분들로 먼저 내려가셨다는 것이 아니고 무엇이냐?

NIV : What does "he ascended" mean except that he also descended to the lower, earthly regions?

개역한글판 : 올라가셨다 하였은즉 땅 아랫 곳으로 내리셨던 것이 아니면 무엇이냐

바울과 그리스도를 지옥"불"의 위험 가운데 처하게 해놓고는(마 5:22) 성경에서는 아무도 지옥에 가지 않는다는 교리적인 확신을 세워 놓은 이들에게 지하세계는 갑자기 사라져 버렸다. 그래서 예수 그리스도는 지옥이 자리잡고 있는 『**땅의 심장**』으로 내려가지 않는다(마 12:40). 이 역본에 따르면 예수 그리스도는 『**땅의 더 낮은 부분들**[the lower parts of the earth]』(KJV)로 내려가시지 않고 단지 영광스런 자리에서 "낮은 땅"(the lower, earthly regions)으로 내려오신 것인데, 그로 인해 이들은 마태복음 12:40, 요나 2:2, 사도행전 2:27,31, 베드로전서 4:6과 같은 참조 구절들을 붕괴시키고 있다. 이것은 배교의 절정에 관한 또 하나의 훌륭한 실례이다. 19세기 동안 "그 책"(성경)을 함부로 변개시켜 온 최종적인 결과이다.

이것이 1900년대 후반의 근본주의적이며 보수주의적인 "학문"이다.

72. 에베소서 5:27 (사례 G)

KJV : That he might present it to himself a glorious church, not having spot, or wrinkle, or any such thing; but that it should be holy and without blemish.

한글킹제임스성경 : 자기 앞에 영광스러운 교회로 나타내서 점이나 주름진 것이나 또는 그러한 것들이 없이 거룩하고 흠없게 하려 하심이니라.

NIV : and to present her to himself as a radiant church, without stain or wrinkle or any other blemish, but holy and blameless.

개역한글판 : 자기 앞에 영광스러운 교회로 세우사 티나 주름잡힌 것이나 이런 것들이 없이 거룩하고 흠이 없게 하려 하심이니라

『**점**[spot]』이 제거되어 있다. 그래서 이 역본은 베드로전서 1:19에 있는 그리스도에 대한 모든 참조 구절들(『**흠도 없고 점도 없는**』)과, 대환란 가운데서 잃어버린 자들에 대한 관련 구절들(유 1:23 - 『**더럽혀진**』, 벧후 2:13 - 『**점**』)과, 대환란 중의 주요한 질병이 문둥병이라는 것(『**반점**』 - 레 13,14장)에 대한 모든 관련 구절들을 잃게 만든다. NIV의 번역자들 배후에 있는 "인도하는 빛"이나 혹은 "영감을 주는 영"은 위의 모든 구절들로부터 『**점**』과 『**반점**』이라는 단어를 제거하도록 그들을 인도하였다. 이들은 그분의 말씀을 제시한다고 고백은 하면서도 예수 그리스도의 이름 안에 있는 진리를 제거해 버렸다. 배교에 대한 치유책은 없다. 오직 심판만이 있을 뿐이다.

73. 빌립보서 2:6 (사례 D)

KJV : Who, being in the form of God, thought it not robbery to be equal with God:

한글킹제임스성경 : 그는 하나님의 형체로 계시므로 하나님과 동등하게 되는 것을 탈취라 생각지 아니하셨으나

NIV : Who, being in very nature God, did not consider equality with God something to be grasped,

개역한글판 : 그는 근본 하나님의 본체시나 하나님과 동등됨을 취할 것으로 여기지 아니하시고

그리스도의 신성을 공격하는 〈개역표준역본, RSV〉의 본문이 여기서 반복된다. 예수 그리스도께서 하나님이 되시는 것이 "이해될 만한" 정도의 사건이기에, NIV는 하나님과 동등하게 되는 것에 대해서 "이해될 만한 어떤 것"(something to be grasped)이라는 말을 첨가시킨 것인가? 예수 그리스도께서는 원래 하나님이시기에 하나님과 같이 되시는 것이 그분께는 결코 탈취가 아니라 당연한 일이었다.

또 이와 같은 관점에서 빌립보서 4:13에서는 "그리스도"가 삭제되어 있다.

74. 골로새서 1:14 (사례 B)

KJV : In whom we have redemption through his blood, *even* the forgiveness of sins:

한글킹제임스성경 : 그 안에서 우리가 그의 보혈을 통하여 구속, 곧 죄들의 용서함을 받았느니라.

NIV : in whom we have redemption, the forgiveness of sins.

개역한글판 : 그 아들 안에서 우리가 구속 곧 죄 사함을 얻었도다

『**구속**[redemption]』이란 『**그의 보혈을 통하여**[through his blood]』 받는 죄들의 용서이다. 그러나 이 역본은 『**그의 보혈을 통하여**』를 삭제시킴으로써 구속이 "피 없이도" 되는 것으로 만들어 버렸다. 이것은 그들이 로마서 3:25과 출애굽기 34:7에서 만들었던 커다란 오류들을 확정하기 위해 행한 것이다(13,62번 참조). 그들은 구약에서도 죄들이 다만 용서되었을(간과됨) 뿐만 아니라 또한 구속되었다고 주장한다. 그러나 구약에서는 그리스도께서 아직 피를 흘리지 않으셨기 때문에 죄들의 용서함은 있었으나 구속은 없었다(히 9:15; 10:4를 보라).

75. 골로새서 2:8 (사례 F)

KJV : Beware lest any man spoil you through philosophy and vain deceit, after the tradition of men, after the rudiments of the world, and not after Christ.

한글킹제임스성경 : 아무도 너희를 철학과 헛된 속임수로 노략질하지 못하도록 주의하라. 그것들은 사람의 전통과 세상의

유치한 원리를 따른 것이며 그리스도를 따른 것이 아니니라.

NIV : See to it that no one takes you captive through hollow and deceptive philosophy, which depends on human tradition and the basic principles of this world rather than on Christ.

개역한글판 : 누가 철학과 헛된 속임수로 너희를 노략할까 주의하라 이것이 사람의 유전과 세상의 초등 학문을 좇음이요 그리스도를 좇음이 아니니라

철학을 과학과 마찬가지로 신성한 암소로 보호하면서, 그 배교자들은 사람들에게, 그 "철학"이 공허하거나 기만적인 것이 아닌 한, 원하는 만큼 철학을 많이 공부하도록 하게 한다. 이것은 어떤 철학인가? 성경은 철학 자체가 세상의 유치한 원리를 따른 것이라고 말하고 있다.

76. 골로새서 2:23 (사례 F)

KJV : Which things have indeed a shew of wisdom in will worship, and humility, and neglecting of the body; not in any honour to the satisfying of the flesh.

한글킹제임스성경 : 이런 것들이 의지 숭배와 겸손과 금욕에는 지

혜 있는 것처럼 보이나 육체를 만족시키는 데는 아무 소용이 없느니라.

NIV : Such regulations indeed have an appearance of wisdom, with their <u>self-imposed worship</u>, their false humility and their harsh treatment of the body, but they lack any value in restraining sensual indulgence.

개역한글판 : 이런 것들은 <u>자의적 숭배</u>와 겸손과 몸을 괴롭게 하는데 지혜 있는 모양이나 오직 육체 좇는 것을 금하는 데는 유익이 조금도 없느니라

소경을 인도하는 소경 지도자들을 따라서 NIV는 규범들과 금욕주의는 단지 "육욕적인 방종을 억제하는 것"에 아무런 가치도 없다는 정도로 말하고 있는데, 이것은 인류 역사 6,000년 동안의 인간들의 경험으로 미루어 볼 때 증명된 적이 없는 뻔뻔스러운 거짓말이다. 여기서 말하고자 하는 것은 규범들과 "자의적인 숭배"에 의해 육체를 위한 헛된 시도를 하는 것이 아니라 『**의지 숭배**[will worship]』이다.

이 구절은 완전히 손실되어 왔으며, 그래서 그것은 바울이 말하였던 의미에 근접조차 하지 못했다. 바울이 말하는 것은, 금욕적인 생활을 행한다는 것은 그것이 육체를 억압하기 때문에 지혜 있는 것처럼 보이지만, 사실은 금욕주의가 "예수 그리스도께 행하는 예배"를 『**의지 숭배**』로 바꿔 버린다는 것이다(16-20절을 보라).

77. 데살로니가전서 5:22 (사례 G)

KJV : Abstain from all appearance of evil.

한글킹제임스성경 : 악은 어떤 형태이든지 피하라.

NIV : Avoid every kind of evil.

당신은 이 역본에 따라서 악 자체는 피할 수 있으나("Avoid every kind of evil," 즉 "모든 종류의 악을 피하라.") "악의 형태"(appearance of evil)는 피할 수 없다. 왜냐하면 『**악은 어떤 형태이든지 피하라.**』는 구절이 변질되어 있기 때문이다.

78. 디모데전서 3:11 (사례 G)

KJV : Even so *must* their wives *be* grave, not slanderers, sober, faithful in all things.

한글킹제임스성경 : 그들의 아내들도 이와 같이 신중하고 중상하지 아니하며, 절제하고 모든 일에 신실해야 하리라.

NIV : In the same way, their wives are to be women worthy of respect, not malicious talkers but temperate and trustworthy in everything.

개역한글판 : 여자들도 이와 같이 단정하고 참소하지 말며 절제

하며 모든 일에 충성된 자라야 할찌니라

NIV는 번역은 "집사의 아내"(their wives)라고 해놓고서, 난외에는 "여집사"(Deaconess)라고 각주를 달아 놓아, 마치 여자 집사 제도가 성경적인 것인 양 가장해 놓았다. 성경에는 여자 집사는 없고 단지 집사의 『**아내들**』이 있을 뿐인데, 어떤 사람이 집사가 되려면 그의 『**아내**』도 모범적인 행실을 행해야 한다고 가르치고 있는 것이다. (개역한글판은 아예 "여자들"이라고 번역해 놓아 여자 집사 제도를 당연하게 만들어 놓았다. - 역자 주)

79. 디모데전서 3:16 (사례 D)

KJV : And without controversy great is the mystery of godliness: God was manifest in the flesh, justified in the Spirit, seen of angels, preached unto the Gentiles, believed on in the world, received up into glory.

한글킹제임스성경 : 경건의 신비는 논쟁의 여지없이 위대하도다. 하나님께서는 육신으로 나타나셨고 성령으로 의롭게 되셨으며, 천사들에게 보이셨고 이방인들에게 전파되셨으며, 세상에서 믿은 바 되셨고 영광 가운데로 들려 올라가셨음이라.

NIV : Beyond all question, the mystery of godliness is great:

He appeared in a body, was vindicated by the Spirit, was seen by angels, was preached among the nations, was believed on in the world, was taken up in glory.

개역한글판 : 크도다 경건의 비밀이여, 그렇지 않다 하는 이 없도다. 그는 육신으로 나타난 바 되시고 영으로 의롭다 하심을 입으시고 천사들에게 보이시고 만국에서 전파되시고 세상에서 믿은바 되시고 영광 가운데서 올리우셨음이니라

NIV의 배교자들이 성경에서 성육신에 대한 가장 위대한 구절에 도달할 때, 그들은 주춤하며 머리를 숙여 피한 후, 구절을 왜곡하고, 그리고는 묘하게 둘러대며 까무러친다.

『하나님**께서는 육신으로 나타나셨고**[God was manifest in the flesh]』(KJV)를 없애 버리기 위해 그들은 "*ΘΣ*"(하나님) 대신에 "*ΟΣ*"(관계대명사 who)를 선택하여, 『하나님**께서는 육신으로 나타나셨고**』 대신에 "그는 몸으로 나타나셨고"(He appeared in a body)라고 고치게 되었다. 그러나 관계대명사 "*ΟΣ*"는 바로 앞의 "신비"(mystery, *μυστήριον*, 무스테리온)를 수식해야 하는데, "*μυστήριον*"은 중성명사인 반면, "*ΟΣ*"는 남성 관계대명사로 "he who"(ASV)가 된다. 그래서 이 단어는 결코 관계대명사가 될 수 없는데, 변개된 헬라어만이 "*ΘΣ*" 대신 "*ΟΣ*"로 바꾸어 놓은 것이다.

12세기 동안 세 대륙에 걸쳐서 복사되어 온 필사본 중 이 구절이 들어 있는 252개의 필사본이 "하나님"이라고 말하는 사실을 뒤집으면서,

이 변개된 역본은 변개된 소수의 사본을 따른 것이다. 이것으로 인해서 발생된 문제는 예수 그리스도께서 육체로 나타나신 하나님인가에 관한 문제이다. 우리는 『하나님**께서는 육신으로 나타나셨고**』(KJV)를 통하여 예수 그리스도께서 육신으로 태어나신 하나님이시라는 것을 믿는데, 이 역본의 위원회는 "그는 몸으로 나타나셨고(NIV)"를 통하여 '예수 그리스도는 당연히 육체를 가진 분이지'라고 생각하는 것이다.

이러한 변개가 시도될 수 있었던 유일한 근거는 대문자(Uncial) 필사본 "D," 단 한 개였다.

80. 디모데전서 6:5 (사례 F)

KJV : Perverse disputings of men of corrupt minds, and destitute of the truth, supposing that gain is godliness: from such withdraw thyself.

한글킹제임스성경 : 마음이 부패하고, 진리를 상실하며, 이익이 경건이라 생각하는 사람들 사이에 무익한 논쟁이 일어나느니라. 그런 데서 네 자신은 빠져 나오라.

NIV : and constant friction between men of corrupt mind, who have been robbed of the truth and who think that godliness is a means to financial gain.

개역한글판 : 마음이 부패하여지고 진리를 잃어버려 경건을 이익

의 재료로 생각하는 자들의 다툼이 일어나느니라.

성경(KJV)은 『**이익이 경건이라**[gain is godliness]』고 생각하지 말라고 하나, NIV는 "재정적"이라는 단어를 덧붙여서 "경건은 재정적(financial) 이익을 얻는 수단이다."라고 생각하는 것만을 경고하는 정도가 되었다. 그래서 만약 당신이 경건을 "재정적인 이익"에 대한 도구로 생각하지만 않으면 이익은 충분히 경건함이 된다. 그리고 이것은 사람들이 하나님의 이름을 빌어 구하고 있는 잘못된 물질적인 축복들을 정당화하게 되는 것이다.

그러나 "재정적"(financial)이라는 단어는 이 지상에 있는 단 하나의 헬라어 필사본이나 파피루스들에도 나타나지 않는다. 그것은 『**이익이 경건이라 생각하는**』이라는 진리로부터 "경건은 재정적 이익을 얻는 수단이라고 생각하는"이라는 거짓말로 본문이 전도되는 것을 정당화시키기 위하여 삽입되었다.

81. 디모데전서 6:20 (사례 F)

KJV : O Timothy, keep that which is committed to thy trust, avoiding profane *and* vain babblings, and oppositions of science falsely so called:

한글킹제임스성경 : 오 디모데야, 네게 맡겨진 것을 지키고, 비속

하고 허황된 말장난과 거짓되이 일컬어지는 과학의 반론을 피하라.

NIV : Timothy, guard what has been entrusted to your care. Turn away from godless chatter and the opposing ideas of what is falsely called knowledge,

개역한글판 : 디모데야 네게 부탁한 것을 지키고 거짓되이 일컫는 지식의 망령되고 허한 말과 변론을 피하라

"과학"은 철학(골 2:8)과 더불어 사용되는 서커스의 또 다른 광대인데, 이것은 "경건한" 언어학자들의 호위를 받으면서 신성한 암소들과 더불어 방목되고 있다. NIV에는 "과학"에 대한 경고가 없다.

82. 디모데후서 2:15 (사례 A)

KJV : Study to shew thyself approved unto God, a workman that needeth not to be ashamed, rightly dividing the word of truth.

한글킹제임스성경 : 네가 진리의 말씀을 올바로 나누어 자신이 하나님 앞에 부끄럽지 않은 일꾼으로 인정받도록 공부하라.

NIV : Do your best to present yourself to God as one approved, a workman who correctly handles the word of truth.

개역한글판 : 네가 진리의 말씀을 옳게 분변하며 부끄러울 것이 없는 일군으로 인정된 자로 자신을 하나님 앞에 드리기를 힘쓰라

NIV에서는 아무도 『**지옥**』에 가지 않으며, NIV에서는 아무도 『**과학**』에 대하여 염려할 필요가 없고, 이 역본에서는 아무도 "철학"에 대하여 염려할 필요가 없으며, 아무도 하나님의 말씀을 변개시키는 어떤 사람에 대하여 염려할 필요가 없고, 이 역본에서는 아무도 말씀을 거짓으로 바꾸어 버리는 그 누구에 대해서도 염려할 필요가 없다. 그리고 NIV에서는 진리의 말씀을 "공부할"(study) 필요도 없다. 『**공부하라**[study]』는 말이 그 본문에서 사라져 버렸고, 공부하는 열쇠인 『**진리의 말씀을 올바로 나누어**[rightly dividing the word of truth]』가 사라져 버렸기 때문이다. 이것은 가장 명백하고 가장 분명한 형태의 배교이다. 그것은 그리스도의 몸 안에 있는 그리스도인들이 어떤 주제에 관한 진리를 추구할 때, 그들이 제일 먼저 해야 할 일이 공부해야 하는 것임에도 불구하고, 이것을 거부하겠다는 공식적이고 공개적인 선언이 아닐 수 없다. NIV는 이러한 총체적인 배교의 최종적인 절정이다.

83. 히브리서 1:3 (사례 D)

KJV : Who being the brightness of *his* glory, and the express image of his person, and upholding all things by the word of his power, when he had by himself purged our sins, sat down on the right hand of the Majesty on high;

한글킹제임스성경 : 그는 하나님의 영광의 광채시며 그분의 인격의 정확한 형상이시고, 그의 능력의 말씀으로 만물을 붙들고 계시며, 친히 우리의 죄들을 정결케 하시고 높은 곳에 계신 위엄 있는 분의 오른편에 앉으셨으니

NIV : The Son is the radiance of God's glory and the exact representation of his being, sustaining all things by his powerful word. After he had provided purification for sins, he sat down at the right hand of the Majesty in heaven.

개역한글판 : 이는 하나님의 영광의 광채시요 그 본체의 형상이시라 그의 능력의 말씀으로 만물을 붙드시며 죄를 정결케 하는 일을 하시고 높은 곳에 계신 위엄의 우편에 앉으셨느니라

그리스도의 신성에 대한 또 한 번의 공격이다. 이 역본에서 그는 하나님의 인격의 『**정확한 형상**[express image]』(KJV)이 아니라, 단지 "그의 존재에 대한 정확한 표현"(exact representation)이다. 이것은 창세기 1장과 2장과 더불어 이 구절의 참조 구절이 되는 고린도후서 4:4에 대

한 관련 설명을 깨뜨려 버린다. 이 역본에 따르면, 하나님은 요한복음 3:16에서 예수 그리스도를 낳지 않으셨고, 히브리서 1:5에서도 그를 낳지 않으셨다. 오히려 그분은 단지 그의 "아버지"가 되셨을 뿐이다. 이것은 또한 요셉이 예수 그리스도의 "아버지"(눅 2:33, NIV)였다는 것을 말한 후에 이루어졌다.

84. 히브리서 3:16 (사례 E)

KJV : For some, when they had heard, did provoke: howbeit not all that came out of Egypt by Moses.

한글킹제임스성경 : 이는 어떤 자들이 말씀을 들을 때에 격노케 하였음이라. 그러나 모세에 의하여 이집트에서 나온 모든 사람이 그리한 것은 아니었느니라.

NIV : Who were they who heard and rebelled? Were they not all those Moses led out of Egypt?

개역한글판 : 듣고 격노케 하던 자가 누구뇨 모세를 좇아 애굽에서 나온 모든 이가 아니냐

이 구절을 이집트에서 나온 이스라엘 사람들 모두가 광야에서 죽는다고 번역한 이 역본은, 민수기 14:29에서 20세 이상 된 자들만이 멸망하였다고 말하여 스스로 모순을 만들었다. "이집트에서 모세가 인도했

던 모든 자들이 아니냐?"(NIV) 그러나 성경은 말한다. 『**그러나 모세에 의하여 이집트에서 나온 모든 사람이 그리한 것은 아니었느니라.**』(KJV)

거짓말쟁이는 훌륭한 기억을 가져야 한다(14번 참조).

85. 야고보서 5:16 (사례 E)

KJV : Confess *your* <u>faults</u> one to another, and pray one for anther, that ye may be healed. The effectual fervent prayer of a righteous man availeth much.

한글킹제임스성경 : 그러므로 너희는 서로 <u>잘못들</u>을 자백하고 치유를 위하여 서로 기도하라. 의인의 효과적이고 열렬한 기도는 역사하는 힘이 많으니라.

NIV : Therefore confess your <u>sins</u> to each other so that you may be healed. The prayer of a righteous man is powerful and effective.

개역한글판 : 이러므로 너희 <u>죄</u>를 서로 고하며 병 낫기를 위하여 서로 기도하라 의인의 간구는 역사하는 힘이 많으니라

『**너희는 서로 잘못들**[faults]**을 자백하고**』(KJV)라고 되어 있는 본문을 변개시켜, 시내 사본과 바티칸 사본을 따라 "서로에게 죄들(sins)을 자백하고"라고 번역하여 고해성사를 잘 수행하는 훌륭한(?) 카톨릭 신자

만이 훌륭한 그리스도인인 것처럼 되게 하였다. 그러나 그리스도인은 서로 간에 행한 잘못들은 서로에게 자백하여도, "죄"는 오직 하나님께만 자백한다.

86. 베드로전서 2:2 (사례 G)

KJV : As newborn babes, desire the sincere milk of the word, that ye may grow thereby:

한글킹제임스성경 : 갓난 아기들로서 순수한 말씀의 젖을 사모하라. 이는 너희가 그것으로 인하여 자라게 하려 함이니라.

NIV : Like newborn babies, crave pure spiritual milk, so that by it you may grow up in your salvation,

개역한글판 : 갓난 아기들 같이 순전하고 신령한 젖을 사모하라 이는 이로 말미암아 너희로 구원에 이르도록 자라게 하려 함이라

사람들은 배교적인 〈개역표준역본, RSV〉에서 "구원에 이르도록"(to salvation) 자라나야 한다는 것을 읽게 된다. 그러나 여기에서는(NIV) "너희의 구원 안에서(in your salvation) 자라나게 하려 함이라."고 번역해 놓고서, 이 말은 사람들이 이미 구원을 소유할 수도 있다는 것을 의미한다고 말한다. 하지만 〈킹제임스성경〉에는 어디에서도 이와 같은 애

매함이 없다. 〈킹제임스성경〉은 우리가 구원받은 이후에 단지 "순수한 말씀의 젖"으로 "성장"한다고 분명히 말하고 있다. 이 본문은 이문(異文)들을 융합함으로써 "구원에 이르도록"(*εἰς σωτηρίαν*, 에이스 소테리안)이라는 말이 본문에 첨가되었고(시내 사본, P72, A, B, C 사본), 그리스바흐(Griesbach)의 규칙이 "더 짧은 본문이 채택된다"는 것임에도 불구하고 여기서는 "더 짧은 본문"이 배격되었다. 이 구절에 대한 "더 짧은 본문"은 표준원문(Textus Receptus)이었다.

87. 베드로후서 1:20,21 (사례 B)

KJV : Knowing this first, that no prophecy of the scripture is of any private interpretation. For the prophecy came not in old time by the will of man: but holy men of God spake *as they were* moved by the Holy Ghost.

한글킹제임스성경 : 먼저 이것을 알지니, 성경의 어떤 예언도 사사로운 해석에서 나온 것이 아니니, 예언은 예전에 사람의 뜻에서 나온 것이 아니요 오직 하나님의 거룩한 사람들이 성령으로 감동을 받아 말한 것이니라.

NIV : Above all, you must understand that no prophecy of Scripture came about by the prophet's own interpretation. For prophecy never had its origin in the will of man, but men spoke from God as they were carried along by the Holy Spirit.

개역한글판 : 먼저 알 것은 경의 모든 예언은 사사로이 풀 것이 아니니 예언은 언제든지 사람의 뜻으로 낸 것이 아니요 오직 성령의 감동하심을 입은 사람들이 하나님께 받아 말한 것임이니라

『**성경의 어떤 예언도 사사로운 해석**[private interpretation]**에서 나온 것이 아니니**』(KJV)의 경고가 이 역본에서 사라진 후, 당신은 어떤 예언을 사사롭게 해석할 수 있거나, 혹은 교황 및 "오류가 없는 교회"가 당신을 위해서 해석하게 된다.

NIV는 『**사사로운 해석**』을 금하는 것이 아니라 "선지자 자신의 해석"(prophet's own interpretation)을 금하고 있다. 사람들의 사사로운 해석이 문제가 되는 것이 아니라, "선지자"의 해석이 의문시되고 문제가 된다는 것이다.

따라서 자연스럽게 요한일서 5:7,8이 없어졌고, 자연스럽게 그리스도는 "지옥"과 "사망"의 열쇠들을 얻으실 수 없었다. 지옥은 없으며, 예수께서 자신의 손에 쥘 수 있는 것은 "하데스"(Hades)의 열쇠일 뿐이었다(계 1:18). 훌륭한 후천년주의자들이 되고, 또한 이스라엘에 대한 문자적이고 실제적이며 가시적인 모든 약속들이 영적인 것이 되기를 갈망하는 NIV는 지상의 문자적이고 실제적이며 가시적인 "왕국들"(단 2장, 7장을 보라.)이 예수 그리스도의 정치적이고 실제적이며 문자적인 왕국이 된

다는 것을 극구 부인하기 위해서, 요한계시록 11:15의 『**왕국들**[kingdoms]』에서 복수형 "s"를 친절하게 제거해 버렸다(RSV와 RV가 앞서 했던 것과 똑같이). 그러나 그 왕국들은 분명히 예수 그리스도의 왕국들이 될 것이다. (『**그 후에 일곱째 천사가 나팔을 부니, 하늘에서 큰 음성들이 있어 말하기를 "이 세상의 나라들이 우리 주와 그의 그리스도의 왕국들이 되어서 그분이 영원무궁토록 통치하시리라."고 하더라.**』 - KJV)

이상 87개의 "야유들"이면 NIV의 신원을 파악하기에 당분간은 충분하다. 이 외에 필요한 사항이 있으면 추가하고, 그것들을 검토하며 세밀히 살펴보라. 그리고 이것들을 종합하여 영어를 사용하는 제정신이 있는 그리스도인의 얼굴을 똑바로 쳐다보며, "이 NIV는 믿을 만한 번역본이다."라고, 또 "이 역본은 당신이 진지하게 성경공부를 할 만큼 빈틈이 없는 역본이다."라고 그에게 말해 보라.

〈새국제역본, NIV〉은 배교의 최종적인 결정판이다. 그것은 교회 시대의 마지막에 기독교 고등교육과 보수적인 학문이 산출해 낸 완전한 걸작이다. 그것은 모든 "기독교인" 학자들이 19세기 동안 제정신이 아닌 상태에서 만들었던, 어리석고 부적절한 모든 변개에 대한 완전하고 종합적이고 가설적이고 통합되고 부풀려진 연합한 음모의 정점, 혹은 정상이다. 이것은 그야말로 완전한 "중립적"(배교자들은 이 단어를 무척 좋아하나 실은 아무 의미도 없는 말이다.) 번역본이며, 번역본들의 "마이클 잭슨"이다. 이것은 배교 외에는 아무것도 아니다.

배교의 역사는 고린도후서 2:17에서 시작해서 디모데후서 4:1-6에서 마감한다. 미국의 배교 역사는 〈새미국표준역본, NASV〉(또는 〈뉴스코필드주석성경〉을 말하기도 함)과 〈새국제역본, NIV〉으로 마감된다. 만일 당신이 성경을 거부하는 배교자라면, 이것들은 당신의 "권위들"이 될 것이다.

■ 옮긴이 / 김 기 준

· 숭실대학교 영어영문학과
· 킹제임스성경신학교

■ 역 서

· 〈피터 럭크만의 주석서 마태복음〉(말씀보존학회)
· 〈피터 럭크만의 주석서 히브리서〉(말씀보존학회)
· 〈일곱으로 일하시는 하나님〉(말씀보존학회)

가짜 영어 성경 NIV

1994년 9월 6일 초판1쇄
2016년 4월 11일 개정판1쇄
지은이 / 피터 S. 럭크만
옮긴이 / 김기준
펴낸이 / 이송오
펴낸곳 / 말씀보존학회
출판등록 / 1988.12.12. 제16-223호
주소 / 서울 강서 우체국 사서함 90호
전화 / (02) 2665-3743 · 팩스 / (02) 2665-3302
인터넷 / www.biblemaster.co.kr

값 6,000 원